共 感
心と心をつなぐ感情コミュニケーション

福田正治

はじめに

　他人との交わりの中で，安心して生活していくための最低条件は，相手の行動や意図を知ることである。その能力が備わっていないと，われわれは，街中を一歩たりとも歩くことができない。普通，見ず知らずの人が向こうから歩いてきたとき，相手は自分と関係ない他人だから素直にすれ違い遠ざかっていくと思う。駅のホームでは，電車は危険だから誰も押しあわないと思う。もし相手の行動が予測できなければ，相手が急に襲いかかって強盗を働くかもしれないし，後ろから押されて線路に落ち電車に轢かれるかもしれない。とても安心して歩いたり電車に乗ったりできないはずである。

　近年，街で人を衝動的に殺傷する事件が多発している。ただなんとなく人を殺してみたかった。むしゃくしゃしていたから人を殺した。生きていくことが嫌になったから自殺の道連れに人を殺した。もしそのような人があなたの隣にいるとしたら，とても街中を安心して歩けないだろう。行動の予測のできない他人が側にいるほど怖いものはなく，また相手が何をするかわからないという不安には耐えきれない性質をわれわれは持っている。

　この予測するという能力は，動物が進化の過程で運動能力を獲得した時点からすでに持っていた能力である[1]。動物は獲物を捕る行動を開始するに当たって，相手の動きを正確に予測しなければ，獲物を捕ることはできない。捕獲しようとしている動物は，すぐに獲物を捕らえられるよう身をかがめ攻撃の緊張を高める必要がある。一方，捕捉されようとしている動物は，敵が低く身構え，息を凝らしているのを見つけたとき，自分が攻撃されるかもしれないことを予測しなければならない。

　この基本的能力を基に，ヒトは些細な動きから，相手の意図を汲み取り，さらには相手の微妙な表情から相手の感情までも読解する能力を獲得するに至っ

た[2]。この相手の意図を読む能力のことを心理学では，「心の理論」と呼び，近年多くの研究がなされている[3]。この能力を感情に適用したのが共感である。相手が苦しんでいるのや悲しんでいるのを見たとき，相手の苦しみや悲しみを自分でも感じ，できることなら何か援助したいとわれわれが思うのは不自然なことではない。あるいは子供が受験に合格したとき，親は子供の合格を心から共に喜んでくれる。このような日常の出来事は当然のこととして思われているが，よくよく考えてみると不思議なことである。相手が感情を言葉として表していないのに，どうして他人の心の中が読めるのだろうか。相手の些細な表情や身体の動きから，どうして相手の心の内が予測できるのか。この誰にでも当然のこととして起こっていることの中に共感の根本的な疑問が横たわっている。

　共感（empathy）は，広い意味でマインド・リーディング（Mind-Reading，読心）の一つの機能として知られている[3]。特に他者の感情に対応した自己の感情的反応を共感と呼んでいる[4]。共感は社会的知性の能力として認められるもので，人と人の感情コミュニケーションの基礎であり，人間が互いに信頼して社会の中で生きていくための必須の機能である[5]。これがなければ，人と人との感情コミュニケーションは不可能であり，会話が伝達事項だけの殺伐としたものになり対人関係はぎこちないものになる。相手が悲しんでいることを実感として理解できないために，血も涙もない冷たい人間であると評価されるかもしれない。また他人の感情がわからないことは，いじめや虐待などの問題行動を起こす原因になるかもしれない[6]。

　多くの場合，共感は他者を援助する向社会的行動を伴い，反社会的行動を伴うことは少ない。共感は他人に苦痛を与えることを止め，他人の心を傷つけるのを止めるなどの暴力停止の強力な力である。だからわれわれは，他人が信頼でき安心で安全な社会生活を送ることができる。世界中のほとんどの人は，苦しみを示している人に対して援助行動を起こす性質を持っている。しかし，別の場面では，他人の苦しみを知ったとしても損得を計算して共感に伴う援助行動をとらない人がいる。人が苦しんでいるのに影で笑っていたり，苦痛を訴えているにもかかわらず無視して見ないようにしたり，さらにいじめや虐待，暴力を続けている人がいる。必ずしもすべての人が助け合うような共感を伴うとは限らない。

この共感の理解について，画期的な出来事が脳科学の分野から近年発表された。それは脳の神経細胞の特徴的な活動でミラーニューロン（mirror neuron）といわれるものである[7]。ミラーニューロンとは脳での運動制御の研究から発見された神経細胞で，手指の動作の神経メカニズムを調べていたとき，自己の動作を制御する前頭葉の運動関連領野に存在する，他人が行っている同じ動作を見たときにも，同じ特徴的な応答を示すニューロンである。ミラーニューロンの存在は，脳の中で，他者の動作認知に，自分の動作の運動制御系を一部兼用していることを意味し，これは脳にとって非常に経済的で効率的なことである。

　このことを他人の感情認知に適応してみると，他者の感情を認知するのに，他者の表情や動作の情報を自分の感情処理系に送って相手の感情を認知していることを意味している。相手が悲しくて涙を流しているのを見たとき，それを理解するのに，自分自身が悲しくて涙を出すことを制御している神経系に相手のその情報が入り込んで相手が悲しくて涙を出しているのだと考えることである。

　この事実は，なぜ他人の悲しんでいるのを見たときに，自分も涙を流すのかを説明してくれそうである。経験からどうしても避けることのできない涙をわれわれは知っている。その理由の一部を共感の研究は示している。

・・・

　共感が特に重要視されているのは，対人援助が中心の医療現場である。患者は病気になると単に医学的な治療を求めるだけではなく，心の通った接遇を求め，それが患者のQOL（Quality of Life，生活の質）や病気の回復に大きく影響する。その接遇の中には，当然のことながら相手の心を理解する共感の機能がなければならない。

　近年，介護・福祉，医療などの援助職の分野では，ケアと感情の関係の諸問題が議論されている[8]。特に医療の現場では，3分間医療といわれる事務的な診療に対する不満，さらに苦しみや痛みを限りなく避けることができない状況があり，患者と医療職者との葛藤が日夜繰り広げられている。また誕生から死まで，人が一生かかって経験することを医療職者は日常の出来事として取り扱っている。その現場は，通常の社会よりも感情の発露や交流が最も先鋭に，また頻繁に現れてくる社会である。また，そこでは日常性を超えた死をめぐるドラマは，表面的繕いでは対処できないことを示している。このような厳しい医療の場で，患者の気持ちを察するという共感プロセスと感情コミュニケーションは，どのよう

に働いているかを感情管理の視点から考える必要がある。患者の気持ちを理解するとはどのようなことなのか，新人看護師が流す涙と，ベテラン看護師が流す涙が同じなのか，異なるのかなどについて，人間に備わった他人の感情を共有する共感という基本的能力を通して考えてみる。このことはすべての対人援助職の場での共通の問題である。

グローバル化した先進国社会では，共感機能がしだいに失われつつあるのではないかとの危惧がある。日本では，地域コミュニティの脆弱化や核家族化による家族間のつながりの弱体化が指摘されて久しく，人と人を結びつける拠り所が少なくなってきている現状がある。人と人が安心して生きていくためには，感情コミュニケーションが重要で，共感能力がその基盤を作っている。脳科学や進化論の示すところは，基本的に共感はすべての人に共通に存在するものであり，共感能力は長い進化の中で獲得され，すべての人の脳の中にしっかりと組み込まれているもので，この共感能力は現代といえども基本的に失われていない。ただ人が成長していく中での家庭や学校，社会での養育や教育，文化などの環境によって強くも弱くもなる。共感が機能するためには，信頼とそれに基づく双方向のコミュニケーションが保証されなければならない。共感を強化する因子として，平等と一体感，減弱させる因子として，恐怖と怒り，自由や感情労働などが考えられる。社会の中に含まれるさまざまな因子である，支配，正義，責任，博愛などが日常生活のあらゆる動態の中で複雑に絡み合い共感に潜む喜怒哀楽を示している。特に個人と個人の間の共感と，集団と異なる集団との間の関係性の複雑さが今日の世界情勢を複雑にしている。

このような複雑で疎外的な社会の中で，共に感じるということの「共に」の再考が必要である。未来は常に不透明であり，20世紀に人間が共に見た無限の希望や夢は，21世紀では持続可能という制限つきの繁栄に変わろうとしている。これから見る希望が世界のあらゆる人びとを含む「共」であるためには，多様な価値観に基づいた「現実的な共感」を通した寛容さが求められる[9]。

第1章では，共感概念の歴史と定義について，過去，同様な働きをどのような言葉で表現し，どのような考え方をしていたかを述べる。複雑な共感について定義や言葉づかいが必ずしも一定していないことを議論する。

第2章では，共感の基礎になっている複雑な感情の捉え方を，進化論と脳科学

に基づいた感情階層説から整理する。

　第3章では，共感の分類と基礎過程について，脳科学の成果であるミラーニューロンの存在を基に共感の実体について議論する。また，共感は人だけが持つ機能なのか，動物にも存在する基本的な能力かについて，感情階層説に従って共感の発生を第4章で議論する。

　第5章では，多様な感情が人で展開されていることに対応して，共感もまた複雑な様相を呈していることを指摘している。共感は何も援助だけに限らず，人は憎しみにも共感でき，その中の共感を強化する要素と，阻害する社会的問題について議論を展開している。

　第6章では，感情コミュニケーションの中での共感がどのように社会の中で現れ使われているかについて，対人援助職の医療の現場での現象に基づいて分析を試みている。共感は人と人をつなぐ重要な働きを持っているが，複雑な社会の中で必ずしも理想的な形で機能しているとは限らない。感情社会学的見方を中心に対人援助職の現場で何が起こっているかについて議論した。

2010年　秋
富山大学大学院医学薬学研究部　福田　正治

目　次

はじめに　i

第 1 章　共感概念の歴史と定義 ― 1
1．共感論の歴史　1
2．共感の定義　8

第 2 章　感　情 ― 13
1．感情の分類　13
2．脳と感情　27

第 3 章　共感の基礎 ― 35
1．共感の分類　35
2．共感のメカニズム　40

第 4 章　共感の発生 ― 47
1．共感の発生　47
2．共感の階層性　54

第 5 章　共感の多様性 ― 65
1．共感の両義性　65
2．共感の強化　70
3．共感の喪失　75

第 6 章　共感特性 ― 87
1．共感の構成要素　88
2．第一の共感，第二の共感　92
3．共感に関連する疾患　97
4．対人援助職における共感の役割　101

あとがき　111

文　献　113

索　引　123

第1章 共感概念の歴史と定義

1. 共感論の歴史

　人類の発生は，約600万～800万年前にさかのぼる。当時のヒトは，今日の人間と比べて言葉数も少なく，脳の能力も異なっていた。進化が進み群れという集団を形成するようになったとき，集団の中には，生物の宿命として病気になる人や，死を迎える人びとなど弱者と呼ばれる人びとが存在していたに違いない。そのような人びとを自然環境や食糧事情の厳しさから見捨てていたかと考えると，決してそのようなことはなかったと想像される。当時の人びとは，弱者との感情の共有や，死者に対して何かしらの湧き上がる感情を共有していたに違いない。5万年前のネアンデルタール人は，死者の埋葬にあたって墓に花をたむけた証拠がある[1]。そこではおそらく家族が共に涙を流したに違いない。

　事実，ヒトの行動の起源を考える場合，サルやチンパンジーの霊長類の行動が参考になる。餌づけされたサルの集団ではあるが，食物を食べる順序はまずはボスから次いでメスと決まっている。しかし障害を持ったサルに対して餌を食べる順序のヒエラルキーは，健常者の順序と比べて優遇されていることが報告されている。またチンパンジーの母親が，死んだわが子の体を長期間引きずって移動していることが報告されている[2]。

2

　この湧き上がる感情が何であったのか，過去の限られた文献から眺めてみると，今日，共感と呼ばれている同じ意味のことは，別の言葉で語られていたに違いない。なぜなら共感という言葉は，比較的新しい言葉であるからである。

　文献に出てくる最初の言葉は，おそらく「憐れみ」であり，これは紀元前4世紀頃，アテネを中心として発展したギリシア文化の中で活躍した哲学者のアリストテレス（Aristoteles）の文献ですでに取り上げられている[3]。その当時の憐れみとは，「一種の苦痛，それもそんな目に遭うことのふさわしくない人が蒙る破滅的な，あるいは苦痛な，誰の目にも明らかな禍いで，そしてそれはまた自分自身なり自分に属する者の誰かなりが蒙ることの予期されうるもので，しかもそれが知覚にあるように見えるときのものに基づく苦痛」である。このような定義が今日の共感の定義と十分通じるところがあるが，当時の憐れみは，ギリシア時代の市民が，同じ市民の中の限られた弱者と見られる人びとに対してだけ有する感情で，この感情に基づき「情け」の行動が生じるとされた。ここでいう情けとは，「必要としている者へなされる奉仕」と考えられており，市民より奴隷が多く存在するという奴隷社会制度の中，人間に対する見方が今日のようなヒューマニティや平等に基づくものでなく，限られた同じ市民，中でも「自分に属する者」だけが対象であり援助行動も限られていた。都市国家は，周辺の部族から常に危険に晒されており，当然のことながら周辺部族に憐れみをかける考え方はなかった。アリストテレスの著書『弁論術』の中では，憐れみに対して何をするかの対処行動は議論の中に含まれていない[3]。

　次いで出てきたキリスト教は，神からの愛や神への愛，神からの救済が唱えられ，社会の底辺層を中心に，

「憐れみの定義」（アリストテレス）
憐れみとは，「一種の苦痛，それもそんな目に遭うことのふさわしくない人が蒙る破滅的な，あるいは苦痛な，誰の目にも明らかな禍いで，そしてそれはまた自分自身なり自分に属する者の誰かなりが蒙ることの予期されうるもので，しかもそれが知覚にあるように見えるときのものに基づく苦痛」である。

その愛が貧富や身分の差がない信者全体を対象に広がったことは革命的であった[4]。しかし宗教組織の発展過程の宿命とはいえ，最初は，その愛が仏教徒などの異教徒やアニミズムを信じているような邪教とみなす周辺の人びとに及ばなかったことは残念である[5]。そして援助の根拠を人間を離れた神に求めたことにより，その後約1,500年の間，人と人との心の交流に関する思索に停滞をもたらした。聖書では，「憐れみ」という言葉はあまり記載されておらず[6]，人と人との交流よりも神との心の交流や神からの憐れみが重要視された。

　デカルト（Descartes）は，17世紀，「思惟する精神」と「延長ある物体」からなる心身二元論を提唱し近代哲学の祖とされている[7]。この心身二元論により感情の一部は自然科学の対象となった。デカルトは，著書『情念論』の中で，ギリシア時代から続いてきているそれまでの感情に関する情念の考え方を見直し，基本情念として，驚き，喜び，愛，悲しみ，憎しみ，欲望の6種類を提唱した。それ以前のギリシア文化を受け継いだヘレニズム文化でのスコラ哲学では，喜び，悲しみ，恐れ，欲望の4種類を基本情念としていた中で[8]，驚きと愛を基本情念の中に組み入れ，恐れの代わりに憎しみを入れた。デカルトはフランスから追われオランダで晩年亡命する形で過ごさなければならなかったが，そのような状況の中で何を重要な基本情念と選択したかには，彼の思いが表れているようである。

　ここで注意しなければならないことは，「愛」という言葉の意味で，彼の愛に関する議論は，神からの愛や神への愛が思索の対象で，男女間の愛は含まれていない。人間が持つ友情や軽蔑，恐れなどのその他の情念は特殊情念とし，これら6基本情念から説明されるとした。その特殊情念の中に，他人との感情コミュニケーションを表

デカルトの6つの基本情念
驚き，喜び，愛，悲しみ，憎しみ，欲望。

4

している感情の一つとして「憐れみ」が取り上げられている。デカルトの憐れみは,「何らかの悪を,それに値せぬとわれわれには思われるにもかかわらず,蒙っている人びとに対していだかれる,愛または善意をまじえた悲しみ」で,その中の悲しみは「脳の印象が精神自身のものとして示すところの悪から,精神が受け取る不快」と考えた。今日の憐れみや悲しみの概念から考えると,感情の中に善悪という価値判断が入り込んだ最初である。定義の中の「それに値せぬ」とは,その当時の価値観をどのように反映していたのか興味のあるところである。しかしデカルトの情念論の特色は,情念の発生を観念論だけではなく,一部身体の生理学的変化,つまり当時明らかにされつつあった血液循環論と関連づけたことにある[9]。

　デカルトの憐れみの特徴は,アリストテレスが憐れみを一種の苦痛と考えたのに対して,基本情念の一つである悲しみと考えたことにある。この憐れみは,「高邁な人」が有するもので,その根拠は「善意を持つことが高邁の一部」であるからとしている。そして高邁な人は,「精神は苦しんでいる者に同情することにおいて,みずからのなすべきことをしているという満足」をもって,苦しんでいる人への具体的対処としている。憐れみは,高邁な人しか持たず,一般の農民のような人には存在しないのかとの疑問がわいてくる。そして憐れみの対象を「われわれと同類」と制限したところに,商人階級が力を持ってきた17世紀の社会通念が表れているようで,「憐れみ」の中には,弱者や貧者への援助という気高い憐れみという意識を含んでいたこと,また排除の歴史を含んでいたことに注意しなければならない[10]。デカルトに至って,憐れみの中に善悪の概念が導入されたが,ここでも憐みに対して,どのように対処するかについては議

デカルトの「憐れみ」
「何らかの悪を,それに値せぬとわれわれには思われるにもかかわらず,蒙っている人びとに対していだかれる,愛または善意をまじえた悲しみ」。

論されていない。

　スピノザ（Spinoza）は，デカルトの基本情念の考え方を受け，さらに基本情念を，喜び，悲しみ，欲望の3種類に減らし，定理に基づいて多くの他の情念について議論した[11]。憐れみも当然，派生情念として取り上げ，その定義をデカルトの憐れみのそれと類似の「われわれの同類と想像される他の人にふりかかった禍いの観念をともなっている悲しみ」とした。同情についても定義し，「他人の幸せを見ては喜び，また反対に他人の禍いを見ては悲しみに包まれるように人が動かされる場合の愛」であるとしている。ただしここでの愛は，彼の3基本情念からの「外的な原因の観念をともなっている喜び」で説明されているために，今日の意味合いとは異なっている。デカルトの情念論の中では同情は議論されていない。

　ヒューム（Hume）は，イギリスの経験論を代表する哲学者で，共感（sympathy）を初めて取り上げ，人為的なものに依存しない道徳の発生の源として捉えた[12]。ここで初めて，共感を「憐れみ」から離れて人間の一般的な特性であるとした。ある人の感情は，感情伝播として伝わり，すべての人間に対応する動きを生んでいる。そして「共感が，すべての人為的な徳に対して払われる尊敬の源」であり，「他者からわれわれが受ける快・不快を感じさせるのが共感の原理」であると議論している。

　アダム・スミス（Adam Smith）もヒュームと同じように，ここでは同感（sympathy）という言葉に訳されているが，これを本能的なものと考え，「われわれが他の人びとの悲惨を見たり，たいへんいきいきと心に描かさせられたりするときに，それに対して感じる情動」であるという定義をしている[13]。ここでは他者の感情に対して直接の経験を持たないために，「想像力」によって「かれ

スピノザの「憐れみ」と「同情」

憐れみは「われわれの同類と想像される他の人にふりかかった禍いの観念をともなっている悲しみ」であり，同情は「他人の幸せを見ては喜び，また反対に他人の禍いを見ては悲しみに包まれるように人が動かされる場合の愛」である。

ヒュームの「共感」

ある人の感情は，感情伝播として伝わり，すべての人間に対応する動きを生んでいる。「共感が，すべての人為的な徳に対して払われる尊敬の源」であり，「他者からわれわれが受ける快・不快を感じさせるのが共感の原理」である。

アダム・スミスの同感

「われわれが他の人びとの悲惨を見たり，たいへんいきいきと心に描かさせられたりするときに，それに対して感じる情動」。

の境遇におく」ような同感が形成されると考える。これらの議論の中で無意識的な同感と認知的な同感について議論しているのは，それ以前と異なるところである。その後，シェーラー（Scheler）は，共苦（Mitleiden）と共歓（Mitfreude）に注目し「我－汝」の問題にまで言及した[14]。

ただこれまでの議論で気をつけなければならないことは，言葉の訳の問題で，言葉は歴史と使われた時代背景を背負っており，古典を振り返って議論をするときに誤解を生じることが起こる。例えば17世紀のsympathyの訳が，同情と共感のどちらが適切なのか，また今日われわれが使っている言葉の意味合いと同じなのか，感情の問題を議論する場合は気をつけないと誤解を招くことになる。

日本でもまた，「あはれみ」や「いとほし」などといった言葉が平安時代から広く使われ，仏教の伝来とともに「慈悲」の「悲」の考えとも合わさって近世まで続いていた[15]。慈は同朋に利益と安楽をもたらそうと臨むこと，悲は同朋から不利益と苦とを除去しようと欲することを意味し，簡単には「慈心は楽を与え，悲心は苦を抜く」ともいえる[16]。また仏教用語では「共苦」という言葉も使われていた。奈良時代には，光明皇后によって病人や障害者の援助のために悲田院や施薬院が建立され，慈悲心の具現化が行われた[17]。仏教では「布施」が修行の一つとして数えられ，欲の超越が求められた。日本にあっては，地震，飢饉，台風，火山の噴火などの自然災害が広く民衆を苦しめ，それに対して寺院が援助の手を差し伸べていた。

江戸時代に至ると「情け」の中に共感機能の一部が見られるようになる。今日でも通用する，情け知らず，情

「慈悲」の観念

慈は同朋に利益と安楽をもたらそうと臨むこと，悲は同朋から不利益と苦とを除去しようと欲すること。

けを知る，情けをかける，情け無用，情け深い，情け容赦もない，非情という言葉の中に，相手との感情のやり取りが読み取れる。「情け」という感情を通しての共感行動の遂行には強い国民性があったに違いない。国民の中で親しまれている歌舞伎や落語の中に江戸時代の情けの姿を見ることができる。

また当時の「もののあわれを知る心」の議論が今日の感情移入の意味合いですでに論じられていたことは興味深い[18]。本居宣長は，阿波礼（あはれ）は，「見る物，聞くこと，なすわざにふれて，情の深く感じることをいふなり。俗にはただ悲哀をのみをあはれと心得たれども，さにあらず。すべてうれしともをかしとも楽しとも悲しとも恋しとも，情に感ずることはみな阿波礼」と述べている[19]。もののあはれを知るということは，人や自然を含む対象の中に含まれる情（こころ）一般を知ることを意味し，どちらかいうと今日の共感に近い意味合いである。特に憐れみに限った感情ではない。

現代では，思いやりやいたわり，慰めという言葉が，共感的配慮の代わりとして多用されている。相手の立場に立って，相手がどう考え，どう感じているかを理解し主体的にかかわる態度として解されている。この中には，苦しんでいる者や社会的に弱い立場の弱者に対して普通の人が持たなければならない倫理感の要素が含まれている。このとき弱者と援助者とが同じ感情になっているかという感情の共有については明らかでない。

中国では，惻隠（そくいん）の情とよばれ，いたたまれない心を表す[20]。そして「惻隠の情は仁の端なり」と儒教の「仁」につながっていく[21]。仁の中には，なさけ，思いやり，いつくしみの意味が含まれている。

「情をかける」共感の機能
江戸時代に至ると「情け」の中に共感機能の一部が見られるようになる。情け知らず，情けを知る，情けをかける，情け無用，情け深い，情け容赦もない，非情という言葉の中に，相手との感情のやり取りが読み取れる。

本居宣長の「阿波礼（あわれ）」の定義
「見る物，聞くこと，なすわざにふれて，情の深く感じることをいふなり。俗にはただ悲哀をのみをあはれと心得たれども，さにあらず。すべてうれしともをかしとも楽しとも悲しとも恋しとも，情に感ずることはみな阿波礼」。

2. 共感の定義

相手の心を知るという機能は，当然のことながら人間が文明を持ったときから存在していた。それが言葉となって残り，前項では，そのいくつかについて議論した。その他に関連する言葉を列挙すると，同感，感情移入，情動感染，共鳴，共鳴動作，ラポール（rapport, 感情移入），内的模倣などがあげられる。フロイド（Freud）が提唱した精神分析学からは，投影や同一化などの専門用語が共感機能と同一のものとして使われることがある[22]。日常では，共感は，思いやり，いたわり，察する，気づかいといった対人関係を築くにあたって重要な態度に表れてくる。

今日用いられている共感の原語としての empathy は，1903 年のドイツ語の Einfühlung の英訳の中で作られた言葉であるといわれている[23]。リップス（Lipps）によって用いられた Einfühlung は，美学の分野での感情移入に近い意味であるとされており，この言葉が人と人の感情コミュニケーションに応用できるかは問題があろう。しかし今日用いられている共感という日本語は，心理学の中で確立されており，その英語は empathy である。Sympathy は empathy より語源としてずっと古く，同情と訳されることが多い。

日本語の共感に関しては，明治時代の個人主義の流入とともに，共感という言葉は存在していたが[6]，あまり一般化しなかった。1950 年代，ロジャーズ（Rogers）のカウンセリング技法がアメリカで広まる中，患者とセラピストの間の心の交流である共感機能が重視され，それが日本に影響し共感という言葉が広く使われだした[24]。

「共感」の原語，語源
今日用いられている共感という日本語は，心理学の中で確立されており，その英語は empathy である。Sympathy は empathy より語源として古く，同情と訳されることが多い。

第1章　共感概念の歴史と定義

　共感の定義に関して，共感をどのような視点でとらえるかによって，その定義は大きく異なってくる。これは第3章でも議論されるが，他者の感情を知る能力と見るか，共感を感情の共有と見るか，共有した結果の反応と見るかによって，共感をどのように分類・整理するかに非常に影響してくる。

　アックス（Ax）は，生体反応を中心に「他者の自律神経系を模倣しがちな自律神経系」反応とした。こういう限定された定義は少数で，多くは心理的なプロセスを述べたものである[25]。

　バットソン（Batson）らは，「他者の苦しみを目撃した結果として経験された，関心，同情，および優しさの他者指向性感情」といい[26]，アイクス（Ickes）は，「観察，記憶，知識，および理性が他者の思考と感情の洞察に結び付けられた心理学的推論の複合体」と定義している[27]。カウンセリング技法を唱えたロジャーズは，共感を「自分が他者であるかのような，しかし"かのようにas if"という状態を失わずに関係する，正確さや感情的要素，意味をもって他者の内部関連気分を知覚すること」と考えた[24]。これらは共感を他者の感情を知るという点に重点を置いたものと考えられる。共感の基礎をなす感情のメカニズムも明らかでない時代の定義には問題があるにしても，戦後，多くの研究者が共感に注目したのは意味がある。オックスフォード英語辞典の定義[28]によれば，共感（empathy）は，「われわれ自身の外側にある対象や情緒について体験したり，あるいはその対象や情緒を理解する能力」で「to feel into」「to feel within」の意味を持つ。一方これと類似の同情（sympathy）は，「他者の感情を味わったり共有したりする能力，他者の苦しみや悲しみに心を動かされること」と後半部分が特に共感と異なっている。今日，定義としては，アイゼン

「共感」の定義（ロジャーズ）
「自分が他者であるかのような，しかし"かのようにas if"という状態を失わずに関係する，正確さや感情的要素，意味をもって他者の内部関連気分を知覚すること」。

「共感」と「同情」の差異（オックスフォード英語辞典の定義）
　共感（empathy）は，「われわれ自身の外側にある対象や情緒について体験したり，あるいはその対象や情緒を理解する能力」で「to feel into」「to feel within」の意味を持つ。
　同情（sympathy）は，「他者の感情を味わったり共有したりする能力，他者の苦しみや悲しみに心を動かされること」と後半部分が特に共感と異なっている。

バーグ（Eisenberg）の「他者の感情状態や条件の気づかいや理解に由来し，他者が感じ，または感じるであろう感情と類似の感情的反応」[29]やホフマン（Hoffman）の「自己の状況より他者の状況により適した感情反応」[30]といった現象を記載した簡単な定義のほうが，進歩の激しい共感研究の分野では無難であろう。

しかしここで考えなければならないことは，共感と似たような意味での同情（sympathy）の定義である。看護分野での人間関係を議論したトラベルビー（Travelbee）は，同情の特性について「苦悩を和らげたいという願望は共感に欠けており，同情の特に顕著な特徴」であるとし，同情は対象者から距離を置くことは不可能だとしている。一方の共感（empathy）は，「2人もしくはそれ以上の人たちの間に起こる体験」で「他の個人の一時的な心理状態に入り込んだり，分有して理解する能力」であるとし，距離関係では二者間で離れて立つことを意味している[31]。しかし共感は，「冷たい客観性を意味するのではなく，他人とのつながりを作ることで，関与によって溺れることなしに親密さを体験する」ことであるとしている。

ギャツダ（Gazda）は，同情を「援助者が被援助者と同じ情動を体験することである」とし，そこから援助行動が起こるとしている。一方共感は，「被援助者の感情をそのまま感じる必要がなく」理解し行動を起こすことに関連していると考えている[32]。

角田は，日本語の共感と同情の違いを「する側とされる側に優劣の関係が生じやすく，する側は自己の安定が脅かされることなく，される側にすれば助けにならないことばかりか，同情されることで見下されたような感じになる」とまとめ[33]，同情を否定的な感情体験と捉えて

アイゼンバーグとホフマンの共感の定義
アイゼンバーグは共感を「他者の感情状態や条件の気づかいや理解に由来し，他者が感じ，または感じるであろう感情と類似の感情的反応」と，ホフマンは「自己の状況より他者の状況により適した感情反応」と定義した。

同情の特徴（角田）
「する側とされる側に優劣の関係が生じやすく，する側は自己の安定が脅かされることなく，される側にすれば助けにならないことばかりか，同情されることで見下されたような感じになる」

いる。例えば同情からは，心からの笑みは出ず，出るとすれば優越性の笑みであり，皮肉の笑みであるかもしれない。

第2章

感 情

1. 感情の分類

　共感を議論するにあたって，共感の主たる対象である感情について理解しておくことは重要である。というのは共感で用いられる機能は，悲しみや苦しみなどの感情の共有を含んでいるからである。

　ところが，一口に感情といっても，その捉え方が非常に難しい。今日，感情に関する自然科学的な理解が進んでいるとはいえ，感情には非常に幅広い関連領域が広がっている。一方には，身体に関係した快や不快，気持ちが良いや気持ちが悪いといった感情と，他方には人類愛や罪悪感といった人間特有の高等な感情があり，これら広い意味の感情をどう理解するのかという問題がある。これに関連して感情を表す言葉として，原始情動，感覚感情，情動，気分，情念，情緒，情操など，心理学や哲学，臨床医学といった分野が異なれば異なる言葉と概念が使われている。普通に使われている情動と感情という言葉の使い方をとっても，本や翻訳によってばらばらであり，共通基盤として感情を議論するには難しいところがある。

　また感情の種類となると，各人各様に捉えられ，学問的にも統一が難しいのが現状である[1]。例えば感情の基本的種類は何かという問題に対して，人の表情から研究したエックマン（Ekman）は，驚き，喜び，悲しみ，怒

エックマンの基本感情
驚き，喜び，悲しみ，怒り，恐怖，嫌悪。

り，恐怖，嫌悪の6種類を抽出したが[2) 3)]，表情を起点としているために，われわれの最大の感情である愛情が抜け落ちている。小説などの言葉から感情の基本を抽出すると，愛情という感情は含まれるが，さらに多くの別の感情が統計学的に抽出され，何が基本感情かの問題が残る[4)]。

日本語で感情を表す言葉は1,500語以上存在し[5)]，また漢字で心や"りっしんべん"を含む語を調べると400個以上があげられる。すなわち人間は，場面や状況に応じて，これらすべての感情を表し区別する能力を持っていることを示している。

これら多様な感情をどのように区分し理解するかは，共感を議論する上で大きな課題であり，さまざまな制約条件の中で，問題を整理することが求められる。

第一に，感情は進化の結果生じてきた機能であることを考慮する必要がある。生命が地球上に表れて約35億年，その間の単細胞生物からヒトまでの長い年月の進化の中で，動物に発現されている感情の違いということを考慮しなければならない。また感情は，脳を通した身体上で発現されているという生理学的事実をも考慮しなければならない。

第二には，人間の感情を中心として議論するために，人間の歴史や文化の要素も含んでいなければならない。この要素は多くの場合，文字として記録に残されているので，それらを通して人間の感情を議論する必要がある。これには，地域，民族，人種，法律，宗教，社会，経済などが複雑に関係し，多様な感情を持つ世界が地球上に展開されていることを考慮する必要がある。

これらすべての制約条件を考慮した共通基盤の上で感情を議論することが望ましい。筆者は，多種多様な感情を分類するに当たって，進化論と脳科学に基づいた感情

階層説(進化論的感情階層仮説)を提唱し，感情に関連した，意識，遺伝，持続時間，空間的広がり，身体性，社会性などの多くの特性を考慮して，感情を大きく情動と高等感情に分け，さらに情動を原始情動と基本情動に，高等感情を社会的感情と知的感情の4階層に分けている[1)6)7)]（図2-1，2-2A）。

　原始情動は，快・不快の2種類から，基本情動は，喜び，受容・愛情，恐怖，怒り，嫌悪の5種類から成り立っている。社会的感情には集団の関係性に関与した，愛情，憎しみ，嫉妬などの感情が，知的感情には，人類愛，恥，罪，甘え，幸福，自尊など文化に依存した感情が含まれている。

　この考え方の根拠は制約条件の中でも，①情動・感情は進化とともに複雑性と多様性を獲得してきた，②脳もまた進化とともに複雑になり単一の機能を持つとは見なされなくなった，③情動・感情は脳で発現されている，という3点から成り立っている。

　マクリーン（MacLean）は，ヒトの脳の構造を進化に従って，簡単に原始爬虫類脳，旧哺乳類脳，新哺乳類

> **感情階層説（筆者）**
> 進化論と脳科学に従い，感情を大きく情動と高等感情に分け，さらに情動を原始情動と基本情動に，高等感情を社会的感情と知的感情の4階層に分ける考え方。

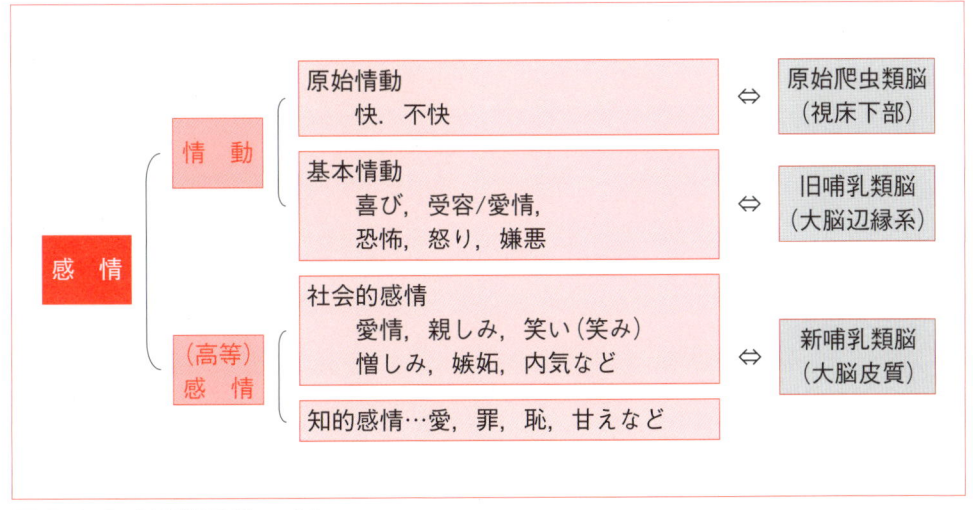

図 2-1 ● 感情階層説モデル

感情			
情動	原始情動 　快，不快	⇔	原始爬虫類脳 （視床下部）
	基本情動 　喜び，受容/愛情， 　恐怖，怒り，嫌悪	⇔	旧哺乳類脳 （大脳辺縁系）
（高等） 感情	社会的感情 　愛情，親しみ，笑い（笑み） 　憎しみ，嫉妬，内気など	⇔	新哺乳類脳 （大脳皮質）
	知的感情…愛，罪，恥，甘えなど		

脳の三層に区分される三位一体モデルを提唱した（**図2-2A**）[8]。感情階層説はこの最も概略的なマクリーンの脳モデルに従い，それぞれに原始情動，基本情動，そして感情に対応させ，人間はこれら3層の協働によって「感情」が働いていると考えることである[1]。さらに新哺乳類脳の機能と人間の行動の特性から，われわれは複雑な知的動物であるということに対応して，「感情」を社会的感情と知的感情に分けて捉える4階層モデルの感

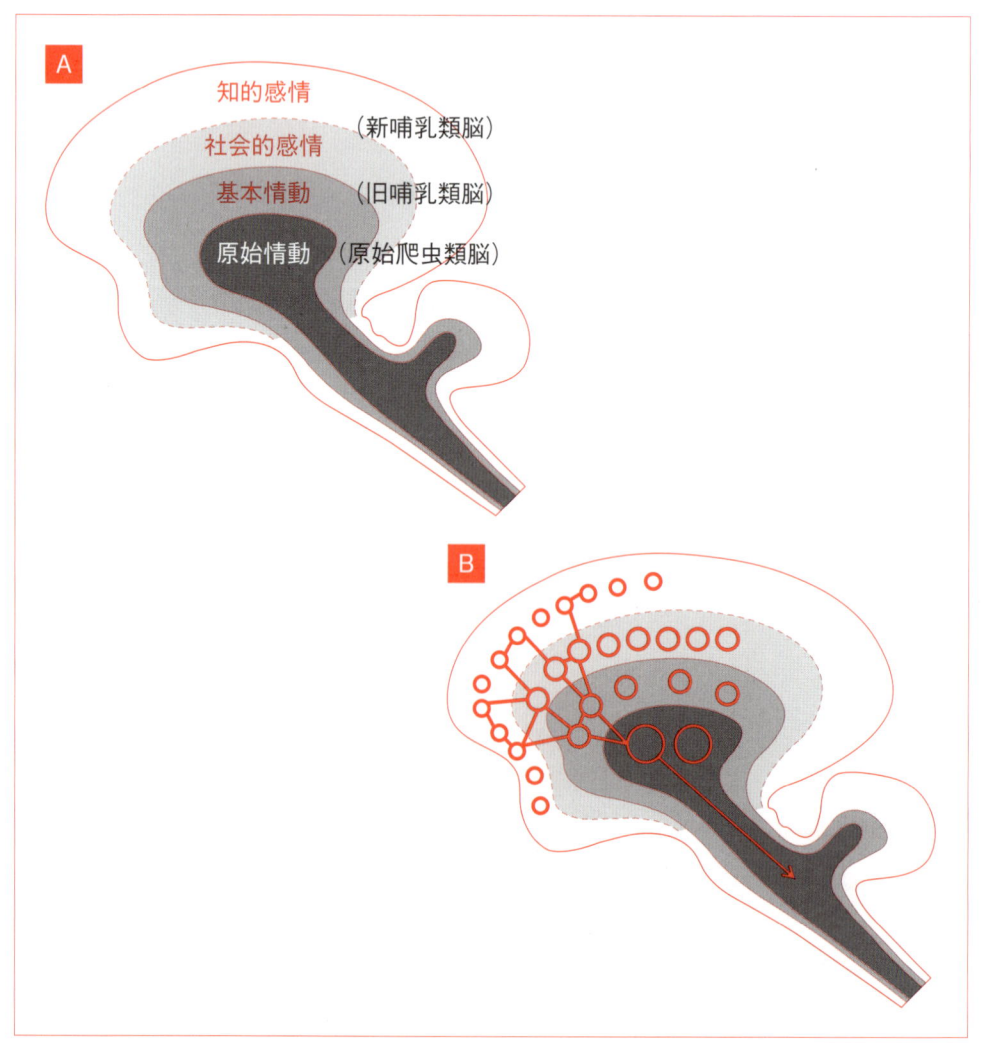

図2-2 ●脳における感情階層性（A）と感情ネットワーク（B）

情階層説を提唱して現在に至っている（**図2-1, 2-2A**）。この仮説の特徴は，多様で複雑な感情を進化という物差しで体系的に説明できることである．感情は，単一の統一された理論で説明するには，進化の過程であまりにも複雑で多様化されすぎた[9)10)]．脳が複数の原理で働いていると仮定すると，感情もまた複数の自己完結型理論で働いている可能性がある．感情階層説はその可能性の一つであり，原始情動から知的感情までを一つの作動原理で説明することは不可能で，解剖学的構造と結合を考慮したそれぞれ個別の作動原理が適用されるべきであることを示している．物理学の世界で，古典力学と量子力学とを階層的に切り替えて使っているのが当然という考え方と同じである．

ヒトはこれら4種類の感情を有し，時と場所，状況などによって，どの情動や感情が優位になってくるかに依存している．これら4階層モデルの詳細な議論は別著[1)6)]に譲るとして，ここでは原始情動と基本情動の概略を述べ，さらに感情については，社会的感情と知的感情に分けて考えるほうがヒトの感情を理解するうえで有用であることを指摘したい．

1）原始情動

ヒトの脳には進化の痕跡が刻まれている．原始爬虫類脳は，進化的に最も古く，原始的な働きを持つ領域で，脳幹と視床下部が含まれる．脳幹には，呼吸，循環，消化などの生体を維持するために必要な反射システムがあり，またそこは脳幹網様体と呼ばれる脳全体の覚醒状態を制御する睡眠-覚醒系が存在する．視床下部は，循環器系，消化器系，呼吸器系，内分泌系，排泄系などの生体の内部環境を恒常的に維持する（ホメオスタシス，homeostasis）自律神経中枢や，摂食行動，飲水行動，体

原始情動
原始爬虫類脳の脳幹と視床下部が関与し，身体と強く結び付いている快・不快情動をさす．

温調節行動，性行動などの動物が生存していくために最低限必要とされる行動発現システムが備わっている。爬虫類にも備わっているこの部位において，最初の原始的な情動が発生したと考えられ，これまでの脳幹と視床下部の構造と機能を照らし合わせて，感情階層説では，快・不快情動が動物に発生した最初の情動であることを提唱した。

　原始の動物にとって最初に重要な統合的な機能の一つは，内臓を中心とした生体を維持するホメオスタシスであったに違いない[11]（図2-3）。身体のホメオスタシスは，身体にとって最適な環境を求めての移動や食糧を求めての移動に関連した判断基準を与える。つまり原始の脳を持った動物は，最初，植物性プランクトンや動物性プランクトン，他の動物の死骸などをあさり，いまだ捕食-被食の関係には十分至っていなかったに違いない。そのような中での行動の判断基準を与える原始情動は，環境との適応に関係し，気温などの環境変化は多くの場合，緩慢で，それに適応するには高次の感覚・運動機能

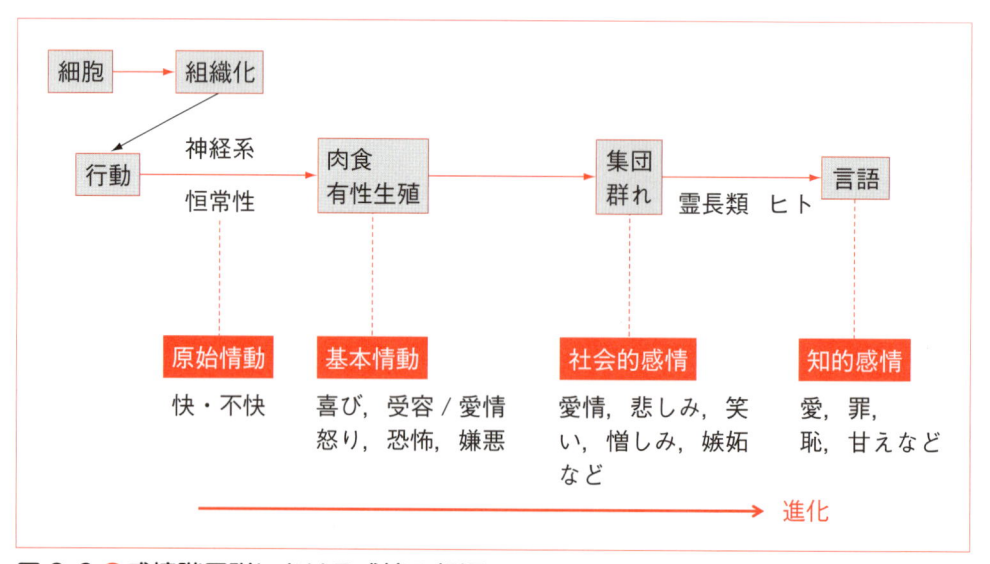

図2-3 ●感情階層説における感情の起源

を必要としなかった。エネルギー獲得と繁殖を最大にする環境を求めて緩やかで定型的な接近行動と逃避行動があった。その最良の条件を決める内部状態の決定の中に，快・不快の原始情動の原型があったに違いない。進化初期の中枢は，神経細胞の数も少なく，制御も条件反射とか単純な内臓機能調節などだけであった。その中でどの細胞が行動を決めているのかや，身体の内部状態を決めているのかの機能分化は，区別のつかない混沌の中にあった。したがって行動発現と身体の内部状態の調節との関係で，この現象が原始情動であるというのは難しいものがあった。脳の解剖学的構造上，情動・感情の身体的表出の情報は，視床下部や脳幹を通っていかざるをえず，心臓の拍動も，息切れも，赤面も，すべて視床下部のコントロール下にあり，それにしたがって情動表出が行われた（図2-2B）。ヒトでの快・不快情動が身体状態と強く連動していることはこの事実による。

2) 基本情動

さらに動物が進化したとき，動物がエネルギー源として動物性蛋白質の有用性を獲得し，そこに肉食が始まった（図2-3）。動物が食性として肉食の選択をした段階から，捕食者-被食者の関係で複雑な運動機能の獲得が必須となった。この捕食者-被食者の関係でどのような脳の判断機能が求められたかを考えたとき，形態の変化だけでなく，防御の方策にも変化が起こった。類似の運動機能を持った動物の中で，例えば非常に臆病な性質を持った動物だけが生き残った可能性がある。周りで奇妙な影が現れたり，強い振動が感じられたとき，それが何であるかを考えるより先に，とにかく素早く逃げるといった特性を持った動物が結果的に捕食されず生き残っていった。これが，今日，恐怖情動として知られている

現象である。

　逆に，時には他の領域に食糧を求めて移動しなければならなかった。そこでは，恐怖情動だけでは食物を得ることはできず，より攻撃性をもつ動物だけが生き残れたに違いない。捕食者の条件として，他と比べて感覚能力や運動能力の向上は本質的であり，二眼の発生はここにあったかもしれない[12]。さらに動物が海から陸に上がり，多様な陸上生活を展開するためには，さらなる複雑な判断機能が求められた。

　感情階層説では，未分化の快・不快情動だけで，この複雑な捕食者-被食者間の関係が処理できず，次の進化の段階で，快・不快情動は，喜び，受容・愛情，怒り，恐怖，嫌悪の5種類の基本情動に分化していったと提案している[1]。これらは大きく二つに分類され，一つは，喜び，恐怖，嫌悪であり，他方は，受容・愛情と怒りに分けることができる。分類の基準は，動物が単独で生きていくために必須な個体維持的情動か，または種属維持に関係したペアを仮定しないと存続しえないものかによる。つまり，後者の情動は，有性生殖の特性として単体の動物だけでは成り立たず，必ず相手を必要とする。受容・愛情でいえばオスなりメスなり，または子供という相手を必要とする。

　基本情動の種類については，多くの議論があり，異なった分類で語られることもある[13]。しかし進化の過程や行動特性，脳機能の制約から，ここで提唱した5種類の情動が基本情動と考えられる。ここで通常，情動として捉えられている「驚き」を基本情動の中に入れていないことに注意していただきたい。驚きは，定位反応と覚醒に関係する古い機能から進化したものであり，解剖学的にも別系統で，興奮，覚醒，注意，興味，好奇心といった周辺をめぐる機能の流れに中にある[1]。

基本情動
基本情動は，大脳辺縁系を中心として，喜び，受容・愛情，怒り，恐怖，嫌悪の5種類に分類される。これらは大きく二つに分類され，一つは，生きていくために必須な個体維持的情動である喜び，恐怖，嫌悪と，種属維持に関係したペアを仮定しないと存続しえない受容・愛情と怒りに分けられる。

喜び，恐怖，嫌悪は，すべての動物に共通に存在し，個体の生存に必須である。快から喜びが，不快から恐怖と嫌悪が進化し分化してきた。喜びは，報酬機能とも関係し，欲求行動を持続維持させる原動力と，複雑な環境との相互作用の学習を成立させる基本になっている。恐怖は，敵や自然の脅威からの身体自体の防御に関係し，嫌悪は，異質な食物や目に見えない細菌やウイルスからの身体の内部環境の防御に関係した情動である。動物が地上に這い上がって複雑な環境の中で生存を確保する必要に迫られたとき，快・不快情動の判断だけでは生きられず，喜び，恐怖，嫌悪は接近−逃避の葛藤を解決する有効な選択基準になった。特に積極的な逃避の機能は，原始情動での行動の開始と停止を補うものとして大きく進化した。

　では同種間ではどのような判断機能が働いていたのであろうか。感情階層説では，基本情動の中に受容・愛情と怒りが取り上げられ，これらは配偶者を選ぶ段階で関与している。
　系統進化や行動発生を眺めてみると，受精に至るプロセスには，オスによる囲い込み，メスによる選り好み選択がある[14]。動物の世界では，愛情という機能がなくても選択というプロセスにより，雌雄のペアを作り受精に至ることが可能であることを受けて，受容という概念を感情階層説では導入した[1]。それでは，どこに情動が入り込む余地があるのかと考えるならば，子育てや養育の中に，基本情動の一つである受容・愛情の基礎がある。血縁淘汰はその理論的背景で，近い遺伝子を持つ子に対して，協力して子育てをすることが遺伝子を残す確率を高めることになる。その確率を高める機能の一つとして，ここに情動の役割があり，親子間交流を示す受容・

愛情の機能を持った動物が多くの子孫を残すことができた。一方，利己的遺伝子の考え方を取り入れるならば，受精は，1対1という厳然とした事実の前に限定資源としての卵子に対して競争でもってメスを獲得する必要がある[15]。そこに攻撃行動があり，それを強化するものとして怒り情動の発生が担保されたのかもしれない。また極寒の地など厳しい自然環境の中で生きていくためには，同種間での獲物の分配は難しく，そこに獲物をめぐる怒り情動の発生があったのかもしれない。

3) 社会的感情

古生物学の示すところでは，地球上には，草食動物だけではなく凶暴な肉食獣の恐竜が闊歩していた時代があった。その中で哺乳類の祖先が2億6,000万年前に生まれ，苛酷な環境の中を生き残り，さらには恐竜が約6,500万年前に絶滅した後に，肉食哺乳類の多様性が開花した。そのとき，上で述べた基本情動だけでヒトにつながる動物は生き残ることができたであろうか。そこを考えると，基本情動の次の進化のステップを議論する必要が出てくる。

そのヒントが近年のニホンザルやチンパンジーの霊長類の野外研究にある[16]。霊長類の行動の研究から，サルから進化したホモ・サピエンスが言語を獲得するに至るまでの段階で，社会的知性といわれる能力を身につけていったと考えられている[17][18]。霊長類がヒトに近づいていく大きな進化圧の一つは，群れを作る集団生活であった（図2-3）。社会的知性とは，個体が複雑な集団の中で社会的問題を解決するときに必要とされる社会的操作のことをいう。これはまたマキャベリ的知性とも呼ばれている。

社会的知性を表すものに，欺き，裏切り，注意の操

社会的知性と社会的操作
社会的知性とは，個体が複雑な集団の中で社会的問題を解決するときに必要とされる社会的操作のことをいう。社会的知性を表すものに，欺き，裏切り，注意の操作，協力，同盟，連合，援助，支持，好ましさ，模倣，遊びにおけるふり，共感などの行動がある。

作，協力，同盟，連合，援助，支持，好ましさ，模倣，遊びにおけるふり，共感などの行動が報告されている。これらの遂行には言葉はいらない。推論，予測，問題解決能力，関係性の認知と長期間の記憶保持，マインド・リーディングなどの機能が脳の中にあればよい。

さて，ここでの問題は，このような社会的操作をともなう社会的知性の発生に対し，情動・感情はどのように働いていたかということである。少なくとも類人猿の社会は言語も文字も持たず，その生活は集団を基本とし，なわばりを維持することが生き残るために必須であった。個体間のコミュニケーション手段は，原始的であり限られた身体的表現と発声による識別だけであったが[19]，5種類の基本情動だけでは，これら複雑な社会的知性を操作し伝えることは困難であった。

ここに情動から高等感情への進化の一段階としての社会的感情を定義しなければならない（図 2-3）。サルからヒトへの進化の過程をたどると，感情は単に基本情動から，ヒトだけに存在する「感情」になったと考えるには無理がある。すなわち，感情は，社会的知性に対応した社会的感情と，ヒトの知性に対応した知的感情に分けられ，ヒトの感情は基本情動から，社会的感情の獲得を経て知的感情へとつながったと考えるのが妥当である[6]。愛情，嫉妬，笑み，内気などは，社会的感情の中にその発生源を認めることができる。ここで感情とは，情動機能に付け加えて主観的体験を含む自己意識をともなった感じのことをいう。

社会的感情は，個体が群れや集団の中で生存していくために発生した機能の一種であり，適応の一種である。ホモ・サピエンスが，食糧としての動物を効率よく獲得するためには，巧妙な罠や合理的に分配する能力，緊密

な協力と組織力の能力が必要であった。さらには地上の肉食猛獣から身を守るために，集団の力を利用する知恵を身に付けざるをえなかった。

　社会的感情は，同時に集団や群れ自体を維持するための機能でもあり，他者とのかかわりやふれあいを通して群れとしての連帯や一体感を育み，敵対する群れに対処していく原動力を与えてきた。人間は，孤立や孤独には耐えきれない動物であり，そこには支持や共感，協力など群れ意識を高めるための社会的知性がなければならない。子育てにも親や家族の絆がなければならない。社会的感情の育成には，他人の関与と援助がなければならず，一人だけでは形成できない。その点で，模倣による遊びや学び，教育は非常に重要な位置を占めている。

　また社会的感情の発現には，他者と自己を区別する自己意識という機能が備わっていなければならない。そこから出発し，相手の心を読み取る能力が出てきた。社会的知性を実行するためには，ボスがどう考えているか，またメスが相手をどう捉えているかを認識できなければ，協力や欺きは行えない。

4）知的感情

　ヒトが無限のコミュニケーションを可能にする言語を獲得し，記録が残せるようになって，文明が起こり歴史が蓄積されていった。記録は口承であろうが，文字に依存しようが，生きてきた人びとの知恵を記録し，そこから宗教が始まり芸術や科学が開かれていった。さらに道徳が発明され哲学が作られていった。

　前項では，ヒトの感情の土台には，集団の中で生きていくための社会的感情があると指摘した。10万年前頃，大脳皮質を極端に発達させた現生人類であるホモ・サピエンス・サピエンスが現れ，記録を残す術を獲得し，食

社会的感情の育成と発現
社会的感情の育成には，他人の関与と援助がなければならず，一人だけでは形成できない。その点で，模倣による遊びや学び，教育は非常に重要な位置を占めている。また社会的感情の発現には，他者と自己を区別する自己意識という機能が備わっていなければならない。そこから出発し，相手の心を読み取る能力が出てきた。

糧を栽培する技術を獲得した（図2-3）。集団の規模は血縁集団によらない数百人から数千人，数万人に，さらには数十万人と増え，都市を形成するようになっていった。数百人程度なら，顔も名前も区別できるかもしれないが，その桁を超えると識別は不可能になる。ここに不特定多数を対象とした支配という考え方が出てくる。社会的知性は磨きをかけられて，より巧妙になり，駆け引き，裏切り，同盟，巧妙な協力，計算された友情などと意識的な利己的行動や利他的行動がみられていく。ここにヒト特有の感情を社会的感情から区分して独立に論じることが人間の理解につながると考えられる。

・・・・・・・・・・・・・・・・・・・・・・・・・・・・・・・・・・・

　言語や象徴化能力の獲得は，経験や知恵，文化の記録を可能にし，教育や伝承を通して，文化の思考内容は格段に広がっていった。また集団としての感情が芽生えると，道徳が作られ，基本情動や社会的感情の暴走を抑制する役割を担うことにもなった。

　さらにヒトは，抽象化や一般化の能力も獲得した。そうすると感情のカテゴリー化やラベリングができ，さらに因果律を考える知恵がつき，神を創造することも崇高な愛という感情も作られるようになった。それに伴う自己と他者の相対化，さらには感情の相対化や制御も可能になった。限られた自己利益的ではなく，環境，平和，福祉，生命など隣人の枠を超えた不特定多数を対象とした敷衍的（ふえんてき）な見方ができるようになった。この能力は動物にはない自己と他者の概念的交換が可能であることを示しており，これは後に述べる自己の心と他人の心を共有できる共感に大きな影響を与えている[20]。

　これら人間の能力はまた知的感情の暴走に対して理性という自己補修機能を発展させた。

　知的感情は言葉が力を持ち，文化に関連した感情で，

宗教，思想，信念，科学などに依存した人工物である。したがって，国，民族，社会，地域，あるいは時代によってその現れ方が異なってくる。例としてキリスト教圏では，神への愛が，仏教圏では，慈悲が知的感情に相当する。献身，寛容，自己犠牲は人類にとって共通の感銘を与える行動である。文明のないところにこのような感情は産まれてこなかった。しかし人間はポジティブな感情だけを目標とするだけでは生きていけず，恥や罪というネガティブな感情を発明し人間の堕落を防ぐ工夫をした。モノ・エモーション（mono-emotion）だけに人間を押しとどめておくことはできない[21]。

　さらに人間は未来を予想する想像力や過去を振り返る能力を獲得した。大脳皮質は，時間観念と時間の可塑的意識を獲得し，それに伴う感情も発達させた。類人猿の時間認知能力は数分程度だといわれているが，人間は，一生，あるいはそれ以上のスパンを見渡すことができる。するとそれに伴い，将来に対して目標設定できる夢と希望を与え，一生を生きる生きがいや目的を見つけ，自己実現できるよう努力することができるようになった。同時に，未来に対する不安や恐怖も発生し，過去に対する後悔も出てきた。幸福は物質的なものから精神的なものとなり，絶対評価より相対評価が有用であることを見つけてきた。この能力は人間に永遠の愛と憎しみの長期間の保持を可能にし，生涯続く喜びと苦しみを与えることになった。悲しみもまた想像力を獲得してきた結果で，悲しみは未来と過去を想像できなければ難しく，死に対する悲しみは人間の宿命に対する予知に関連している[22]。

知的感情

知的感情は言葉が力を持ち，文化，宗教，思想，信念，科学などに依存した人工物であり，国，民族，社会，地域，あるいは時代によってその現れ方が異なる。人は，時間観念と時間の可塑的意識を獲得し，未来を予想する想像力や過去を振り返る能力を獲得した。それに伴い，将来に対して目標設定できる夢と希望を与え，自己実現できるよう努力することができるようになった。同時に，未来に対する不安や恐怖，過去に対する後悔も出てきた。

2. 脳と感情

われわれは，進化の結果，ヒトにおいて約 1,300 g の脳を持つに至った。感情の条件として，パンスキープ（Panskepp）は，①外界から生じる刺激に対して無条件に反応するための神経回路が遺伝的に前もって決められている，②自律系と運動系のサブルーチンを促進・抑制することによって広汎な行動を組織できる，③興奮した行動様式に対応した感覚の感度を変える，④情動の神経系は突然変わる環境に対応できる，⑤脳の決定機構と意識の脳機構との相互作用を持つなどを指摘した[23]。このような特性はアナログ処理やデジタル処理の両方を持ち合わせた広汎な神経機構を必要とし，ある特定の脳部位に感情機能を凝集することは不可能であることを意味している。それを脳は再現し，感情階層説では，快・不快のような原始情動から，愛や罪のような人間特有の知的感情を有する感情の階層構造を人間がもつに至ったことを示している。全体的には，情動・感情は適応に即した動作の開始，持続，停止，結果の流れを制御する内部状態といえる。

感情の必要条件（パンスキープ）
①外界から生じる刺激に対して無条件に反応するための神経回路が遺伝的に前もって決められている，②自律系と運動系のサブルーチンを促進・抑制することによって広汎な行動を組織できる，③興奮した行動様式に対応した感覚の感度を変える，④情動の神経系は突然変わる環境に対応できる，⑤脳の決定機構と意識の脳機構との相互作用を持つことを感情の条件としている。

感情の定義（筆者）
感情は，適応に即した動作の開始，持続，停止，結果の流れを制御する内部状態である。

前節で述べたように，ヒトの脳は構造学的に大きく，原始爬虫類脳，旧哺乳類脳，新哺乳類脳（大脳皮質）の 3 層から成り立っている（**図 2-2A**）[8]。進化は，行動の複雑さにともなって現存の脳機能の複雑化をめざしたが，さらにそれでも動物が環境に適応しにくくなってきたとき，一つの方策として，脳の拡大，すなわち新たな領域を作り，そこに生きていくための新たな機能を付与してきた。これには，新たな環境で，古い脳の働きを抑制する必要に迫られたときに出てきた新たな機能も含んでいる。快適な気候だから外にいたら捕まって食べられたで

は論外であり，怒りをふりかざして周囲を混乱させれば集団自体が成り立たず，社会的知性はそれを抑制するために進化したとも考えられる。

感情階層説の利点は，適応しにくい機能に対して，新しい階層を作り，下位階層の強化と抑制を加えてきたことである（**図2-2B**）。その上位の階層の働きは，必ずしも古い脳の機能を踏襲することではなく，機能の局在性を強化すると同時に，あらゆる変化に対応するための汎用性を備えてきた。その顕著な例は，視床下部と大脳皮質の構造の違いとなって見ることができる。視床下部は細胞配列が混沌とした細胞の集合体から成り立っているが，大脳皮質は，特性が類似の柱状（カラム）構造が整然と並んでいる。そのカラム構造は大脳皮質の視覚野から運動野，連合野と広く共通に使われている。

さらに，感情に関して心理学的に多くの理論が提案されているが[24)-26)]，感情階層説では，脳の各階層の特性に従って，それぞれの階層での感情の独自の考え方が有効であることを示唆している。

1）原始情動

視床下部には，報酬系・罰系が存在するという仮説がある[27)]。オールズ（Olds）は，視床下部近傍のある特定の領域の電気刺激に対する効果を調べている途中で，ラットがある特定の場所に行きたがる傾向があることを偶然に見つけた。その場所は，たまたまラットがその場所にいるときに電気刺激を与えていた場所であった。そこから彼は，ラットのある特定の脳領域を電気刺激すれば，ラットは自らその刺激を求めるという脳内自己刺激行動を発見した。これは，脳内電気刺激が快感を呼び起こし，その行動が繰り返されると解釈されており，この自己刺激を起こす脳の領域を報酬系と呼んでいる。この

脳内自己刺激を起こす「報酬系」（オールズ）
脳内電気刺激が快感を呼び起こし，その行動が繰り返されるラットの実験から，この自己刺激を起こす脳の領域を報酬系と呼んでいる。

脳内自己刺激行動は，魚類や鳥類までも誘導されることが知られ，したがって魚類あたりから快モジュール（module）と考えられる神経集団が視床下部を中心に形成されはじめてきたと考えられる。この領域は視床下部を前後につなぐ領域に分布しており，ここには体温中枢，性中枢，飲水中枢，摂食中枢などの生きていくために重要な中枢が並んでいる[27]。これらを通して習慣化された定型的日常行動が遂行されている[28]。

　この報酬系は，神経伝達物質のドパミンが関与しており，ドパミン系は覚せい剤の嗜好行動や耽溺行動に関係している[29)30]。これらの行動はおそらく快情動をともなうと考えられているが，麻薬に代表されるように同じ快情動を得ようとすると，量の増加，そして服用を止めると反作用としての極端な不快情動を伴う禁断症状が現れる。このドパミン系は，大脳基底核を中心に分布し，運動の制御に関係している。進化の初期では，固定的動作パターン（fixed action pattern）というプログラム化された行動が主であったが，複雑な捕獲行動や逃避行動，危険な陸上生活に適応する行動を進化させるにあたって，このプログラム化された運動機能を土台に，もう少し融通性に富んだ動作が可能になるよう報酬系を付け加えてきたと考えられる[31]。

　不快情動に関連した不快モジュールも同じで，そこを電気刺激すれば，その電気刺激を避けようとする行動が起こる領域で，罰系と呼ばれている[27]。これらは視床下部の報酬系の内側である脳の中心部に分布している。視床下部の機能から類推して，生体の欠乏信号の反映が，原始情動である不快情動を形成してきた可能性がある。

　ヒトにおいても脳内自己刺激の行動が報告されており，それによれば，視床下部の刺激により，性行動で快感が得られる一歩手前の感覚が起こり，あと一歩の電気

不快行動を起こす「罰系」（オールズ）
脳の特定部位を電気刺激すれば，その電気刺激を避けようとする行動が起こる脳領域で，罰系と呼ばれている。これらは視床下部の報酬系の内側である脳の中心部に分布している。

刺激が得られさえすれば強い快感が得られるとして電気刺激を求め続けるといわれている[32]。

2）基本情動

脳の進化から，原始爬虫類脳が複雑になると同時に，原始爬虫類脳の周囲には，行動の多様性と複雑性から旧哺乳類脳である大脳辺縁系が形成されて，原始爬虫類脳にはない新たな機能が付け加わった。大脳辺縁系という脳領域には，扁桃体，海馬体，中隔，帯状回などの細胞集団が含まれ，扁桃体が恐怖情動，海馬体が記憶，中隔が怒り情動，帯状回が痛み認知に関与していることが知られている。その他，嫌悪中枢，怒り中枢，養育行動の中枢などが大脳辺縁系に指摘されていることから，進化の次のステップとして，基本情動，およびその中での機能的サブ構造が大脳辺縁系に付け加えられたと考えられる。現在，明らかになっている大脳辺縁系の機能から考えて，基本情動の処理能力はヒトが持つ高等感情ほど多種多様で微細ではなく，限られた種類と能力しかなかった。この領域は，神経伝達物質やホルモンの影響が強く，基本情動の多くは神経伝達物質やホルモンの特性と分布に依存している。

大脳辺縁系の機能
扁桃体，海馬体，中隔，帯状回などの細胞集団が含まれ，扁桃体が恐怖情動，海馬体が記憶，中隔が怒り情動，帯状回が痛み認知に関与している。

・・・・・・・・・・・・・・・・・・・・・・・・・・・・

恐怖情動の神経メカニズムを研究する手法として，古典的恐怖条件づけを用いる方法がある。古典的恐怖条件づけとは，例えば音と電気ショックを連合してラットに与えると，条件刺激である音により恐怖を示す不動化（freezing）という無条件反応が現れる学習課題をいう。ルドー（LeDoux）は，大脳皮質聴覚野の損傷では，この音による恐怖条件づけが障害されないことを発見した[33)34]。解剖学的神経経路を詳細に調べてみると，音に関する感覚情報が，耳から上丘へ，上丘から視床へ，そ

して大脳皮質聴覚野に伝わる神経経路の中で，途中の視床から恐怖情動の中枢である扁桃体へのバイパス的な神経線維の連絡があり，これが条件刺激である音の扁桃体への入力になっていることを発見した。この経路は大脳皮質聴覚野を介さないで，古皮質である扁桃体に直接投射している聴覚系で，おそらく発生学的に古い経路であると考えられている。したがって大脳皮質聴覚野を損傷しても恐怖条件づけは障害されない。これらの知見から，音の情報は直接視床から扁桃体に入る系と，視床-大脳新皮質聴覚野を介して扁桃体に入力する系の2つがあり，前者が音による古典的恐怖条件づけでは本質的である。

　この古典的恐怖条件づけでの条件刺激の脳内処理系が2系統存在することは，次に議論する共感のメカニズムを考えるうえで非常に重要である。大脳皮質は，感覚刺激がどのような内容か，どのような状況で起こっているかを判断し，意識化している部位である。しかしルドーの発見は，それとは別に，外界の感覚情報が大脳皮質を経由しないで直接扁桃体に入力し，そこを介して情動反応を起こすということを示している。おそらく動物は，外界の感覚刺激に無意識下で反応し，無意識的に情動反応を起こしていることを示唆している。ルドーが示す例では，人が暗い夜道を歩いていて前に細長い物を見たとき，それがなんであるかわからなくてもドキッとして立ち止まるような不動化の行動をあげている。それがヘビであったのかも，また単に細い棒であったのかもわからず，とにかく立ち止まるという行動が現れ，その後で，よく見ると細い縄であったとして安心することがある。このようなことは日常よく経験することであり，とにかく危険なものに対して，それが何であるかわからなくてもある種の防御行動が現れることを示している。

ルドーの恐怖情動発生の二重過程説
恐怖に関連する外部情報は，直接視床から扁桃体に入る系と，視床-大脳皮質聴覚野を介して扁桃体に入力する系の2つがあり，前者は発生学的に古い経路で自動的で，無意識的に情動反応を起こす系である。後者は感覚刺激がどのような内容か，どのような状況で起こっているかを判断し，意識化している系である。

3）社会的感情

　大脳辺縁系や大脳皮質は，社会的知性を遂行するための新しい領域を獲得し，さらには個体相互の関係性の記憶，匂いではなく顔の記憶を保持し，顔で識別するための能力を獲得した。霊長類の大脳辺縁系の扁桃体や帯状回，前頭眼窩野は，表情やジェスチャーなどの社会的知性に関連した情報の制御機能を獲得した。特に精細な視線制御や視線検知は，集団社会のコミュニケーションの手段として重要なもので，これらは社会脳といわれる関連部位で進化した。さらに社会的知性を遂行するためには，過去に相手の行った行動を記憶しておかなければならない。記憶容量の増大はもちろんのこと，記憶の長期間の保持を海馬体と大脳新皮質に求めた。そこから関係性を推論する能力も出てきた。基本情動の項で述べた扁桃体は，霊長類で社会的感情に関する機能も付加してきた。サルの扁桃体を損傷すると，これまで群れのボスであったサルの地位が奪い取られ最下位になることや[35]，サル扁桃体には，表情を持ったサルやヒトの顔に応答するニューロンが存在することが明らかになっている[36]。

　fMRI（機能的核磁気共鳴画像法）やPET（陽電子放出断層撮影法）などを用いたヒトの非侵襲的脳機能画像解析から，ポジティブな感情とネガティブな感情を示す写真，例えばケーキの写真，拳銃の写真，クモの写真を見せたときの脳の活性が比較され，扁桃体ではポジティブの写真を見たときに反応することが報告されている[37]。また白人の被験者に，見知らぬ黒人の写真を見せると，脳の活性と人種差別意識の度合いとの相関があることも報告されている[38]。

4）知的感情

　ヒトの大脳皮質は，サルの大脳皮質の4倍を占めるほ

ど大きく進化してきた。大脳辺縁系にはない情報の精巧化と再組織化の能力をヒトの大脳皮質の連合野が獲得し，他の霊長類と大きく異なってきた。それと同時に，連合野は感情に依存しない連合処理ができるようになり，理性の基盤となる全般的な物事の関係性を処理できる汎用性を持ち合わせるようになってきた[39]。また言語発生に関連する情報の時系列制御の能力も獲得した。その中心は大脳新皮質の中でも，脳の前頭部に存在する前頭前野で，そこにはあらゆる大脳皮質連合野からの情報が集まると同時に，フィードバックとして他の連合野への逆の線維連絡がある。前頭前野の機能は，それらすべての情報を処理するワーキング・メモリ（working memory）の働きであるとの仮説もある[40]。その結果，人間は，感情的選択が支配する世界から，理性，すなわち論理的プロセスが支配する世界が可能となり，科学技術の論理性に基づいた豊かさを手に入れた。しかし同時に原爆のような人類滅亡の手段を得，さらに環境破壊，生命操作や人口増加を招いた。科学技術の進歩があまりにも早く，これらに対して適応する新たな脳の進化はもはや期待できない。われわれは，英知をめぐらして大脳皮質の中だけで解決していく方策を見つけていくか，下部階層の恐怖や不安などの情動の力を借りて，それらのストッパーの役割を期待するしかないのかもしれない。

　近年，この前頭前野と情動の中枢である扁桃体との連絡が見直され，感情と認知の機能的連携の重要性が指摘されている[41]。特に感情の主観的体験においてこの連携が本質的であるとされている。このことは，ヒトの高等な働きは，計算知能や空間知能といった知性だけでは，複雑な文化を作ったり高度な科学を作ったりすることは不可能で，快や不快，喜びや希望，不安といった動機づけや意欲に関連する感情がなければ，人間社会での適応

や発展は不可能であることを示唆している。

さらに前頭前野が，視床下部や大脳辺縁系と神経線維連絡があることは，どうしようもない感情に影響され囚われることを意味し，逆に理性がポジティブな感情やネガティブな感情をも制御できることを意味している。これは哲学での行動のあり方が，理性か感情かといった二者択一の問題ではなく，解剖学的知見に従って，感情と認知の関係が密接に影響し合い分離できないことを示している。しかし知的感情が，大脳皮質の関係性の高次情報処理から作られることと，これらが感情の下位階層から独立ではなく，身体と強く関係している下位感情によって影響を受け，影響を与えるということは別であると考える必要がある（図2-2B）。

> **階層間の相互作用**
> 前頭前野が，視床下部や大脳辺縁系と神経線維連絡があることは，どうしようもない感情に影響され囚われることを意味し，逆に理性がポジティブな感情やネガティブな感情をも制御できることを意味している。

前頭前野の障害による感情障害の典型例として，有名なゲージ（Gage）の例があげられる[41]。彼は優秀な鉄道技師で，作業中ダイナマイトの暴発で約1cm程度の鉄棒が鼻下から脳に突き抜ける事故にあった。保存されている彼の頭蓋骨から前頭前野の障害が証明されている。この障害により，彼は計画性がなくなり，社会性や指導性も失われた。感情障害では，これまで普通で常識を持ち合わせていたが，知人に対しても罵声を浴びせ，卑猥な言葉を時と場所を考えずに言ったりしてしまうという社会的感情と知的感情の重篤な障害が現れた。この症状は，創造，判断，類推という高次機能の障害に基づく結果としての障害か，感情機能そのものの障害か定かでないが，前頭前野は少なくとも知的感情の遂行になくてはならないものであることを示している。

第3章 共感の基礎

1. 共感の分類

　第1章でも述べたように共感の概念については，定義の仕方により混乱が起きているようである。その原因は，共感のどの機能に視点を置くかの違いによっている。その視点は，共感を，①マインド・リーディングの機能と見るか，②感情の共有と見るか，または③応用の立場から，反応としての向社会的行動の基礎と見るかによって，共感の捉え方が大きく違ってくる。過去の共感に関する広範囲な捉え方の混乱はここにある。フェッシュバック（Feshback）は，共感を一つの機能の視点から見るのではなく，共感の働きから，三成分モデルを提唱している[1]。それは，①他者の感情状態を識別し同定する能力，②他者の視点あるいは役割を取る能力，③共有された感情的反応の喚起の三成分の働きを有しており，それらすべてが共感の働きの中に含まれている。

　このような多様な成分を含んだ共感について，ここでは共感機能の脳科学からの成果を取り入れ，図3-1に示されるような共感分類が考えられる。共感は，広く脳の予測機能の一部であり，その点からマインド・リーディングの一部となっている。マインド・リーディングは，他者の意図を予測する心の理論と，感情を予測する共感から成り立っている。ついでここで議論している共感は，これまでの感情に関する脳科学の成果や認知心理学

> **共感の多様性──フェッシュバックの三成分モデル**
> 共感を一つの機能の視点から見るのではなく，共感の働きから，三成分が考えられる。①他者の感情状態を識別し同定する能力，②他者の視点あるいは役割を取る能力，③共有された感情的反応の喚起。

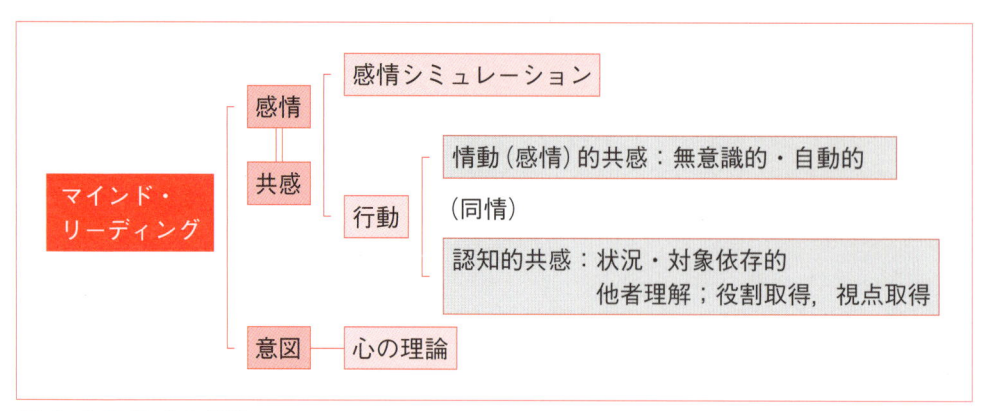

```
                           ┌─ 感情シミュレーション
                    ┌─ 感情 ┤
                    │      │  ┌─ 情動（感情）的共感：無意識的・自動的
マインド・    ┌─ 共感 ┤       └─┤   （同情）
リーディング ┤      └─ 行動   │
            │              └─ 認知的共感：状況・対象依存的
            │                          他者理解；役割取得，視点取得
            └─ 意図 ─ 心の理論
```

図 3-1 ● 共感の構造

的見方である，識別，認知や反応の区分，および社会学的見方を考慮すると，大きく感情シミュレーション（emotion simulation）と行動に分けて考えることができる。なぜなら共感は何らかの行動に対する強い動機づけになっているからである[2]。

感情シミュレーションは，次項で議論するが，相手との感情の共有を根拠づける機能で，これが脳の中で起こっている証拠がある[3]。一方，行動は，共感における認知や反応，出力を強調した項目で，感情を共有した結果の反応を示す項である。ここに共感のこれまでの多くの議論の問題点が凝縮されている[4)-6)]。

外部に現れる共感出力として，大きく情動的共感と認知的共感に分けることができる。これは，脳の情報処理の中で，われわれの行動が必ずしもすべてが意識的に起こっているわけではないことによる。特に前項で議論した感情の分類において，感情は，本能的な情動と意識的な高等感情に分けられること，これらに対応した脳内中枢神経回路が分かれているという特徴によっている。情動的共感は無意識のうちに処理され，自動処理的であるが，認知的共感は状況依存的かつ対象依存的で意識的である。前に議論した同情は，変形した認知的共感の一部

共感の行動的側面と分類
外部に現れる共感出力は感情を共有した結果の反応を示す．これは，大きく情動的共感と認知的共感に分けることができる．情動的共感は無意識のうちに処理され，自動処理的であるが，認知的共感は状況依存的かつ対象依存的で意識的である．

と考えられる．

1）情動的共感

情動的共感（emotional empathy）とは，無意識下で自動的に起こる感情反応である．これは感情移入的共感，反射的共感などと呼ばれる共感の分類と類似している[4]．この情動的共感は，進化的に古く，この中に，運動の模倣・真似，古典的条件づけ，直接的な連合学習の機能が含まれている[5]．

運動模倣は，乳幼児から見られ，母親の表情の模倣，例えば母親が口を大きく開けば，乳幼児も母の顔を見ながら口を開けるといったことを示す．母親の表情を真似することを通して，笑みや恐怖の伝播が直接起こり，乳幼児に情動表出が起こる．また一人の赤ん坊が泣くと隣の赤ん坊が順次泣き，部屋全体が泣き声の大合唱になる情動伝播が知られている．共感における古典的条件づけは，母親の表情や言葉が条件刺激となり，母親の身体のこわばりが無条件刺激となって，赤ん坊に不安や恐怖の感情を起こさせる学習である．この学習により，母親の言葉や表情から，母親と同じ感情やストレスが赤ん坊に伝播する．直接的な連合とは，自分の過去の苦痛的体験と直接連合させて感情を喚起させることで，誰かが殴られて泣いているときに，自分も殴られて痛かったことを思い出し泣き出すという子供に起こりがちな感情喚起である．特に苦痛を伴う感情は強力であり，他人に対して伝播（contagion）しやすい特性を持っている．これらの多くは無意識的な学習であり，記憶でいえば，手続き記憶の部分に相当し，経験を重ねることによって喚起が自動的に起こりやすくなる．この共感は，発達の早期に現れ，この制御には，家庭でのしつけや抱擁などの母親との愛着が重要な要素となる．

情動的共感
情動的共感とは，無意識下で自動的に起こる感情反応である．これは，進化的に古く，運動の模倣・真似，古典的条件づけ，直接的な連合学習の機能が含まれている．この共感は，発達の早期に現れ，家庭でのしつけや抱擁などの母親との愛着が重要である．

運動模倣に関して顔学では，相手の表情を無意識の内に模倣する表情模倣や，相手の表情を意識的に模倣することによって親近感が増すミラーリング効果（mirroring effect）が知られている[7]。話し相手が笑えば笑う，真剣な顔をすればまじめな顔をすると，相手やグループとの親しみが増しやすくなる。人はおかしくもない話に無理やり笑顔を作って「ふり」をすることもあるが，それを異なる表情で聞くと，仲間はずれになるのは必須である。また恋人や親友などの親しい関係では，足を組むや手を組むなどの同じ動作の模倣が，二人の間で無意識的に起こっている[8]。

2）認知的共感

　認知的共感（cognitive empathy）は，状況依存的かつ対象依存的で，対象者の背景や状況に依存して起こる共感である。例えば，犠牲者が災害や事故で不慮の死を遂げたときなどは深い哀悼の共感を呼び起こすが，犯罪者であったり，自己コントロールできない借金リピーターの者などが困っていても共感が起こりにくいことはこの範疇に入る。医療場面では，不治の疾患の患者に対して，家族共ども悲嘆にくれる姿には強い共感を示すことができるが，アルコール依存症の患者が肝硬変などの病気になったり，喫煙者が肺がんになったとしても，自己責任という考えが芽生え，共感の喚起も弱いのが普通である。学校の試験で勤勉に努力していた人の栄誉には心から祝福を与えることができるが，勉強しなかった人が試験に落ちたとしても誰も共感を示さないのは，共感が状況判断に依存していることを示している。

　これには，視点取得（perspective-taking）[9]や役割取得（role-taking）の能力が重要な役割を演じている。視点取得は，他者の視点から見たときどのように見えるか

ミラーリング効果
相手の表情を意識的に模倣することによって親近感が増すことを示す。

であり，役割取得は，他者の態度や期待を自己の内部に取り込むことによって，社会から自分に要求される役割を取得しその役割を実行することである[10]。視点取得には，他者にフォーカスする場合と自分にフォーカスする場合がある[5]。自分にフォーカスを当てる場合とは，自分が他人の関係の中でどう感じるかを自分が想像することで，他者にフォーカスを当てるとは，他者が何を考え感じているかを自分が想像することである。

視点取得や役割取得は，相手の立場に立って状況を把握し，自分が同じ状況でどう感じるのかが感情喚起に強く影響している。当然，これらは状況依存的であり，他者の行為，他者の過去の履歴，社会的地位や置かれた状況などの要素を総合して他者の側に立って考えることになる。

これらの能力は，成長・発達の中で学習していくもので，生後3〜4歳頃までに形成される[4]。これには生後の道徳の発達とも関係し，この能力は，家族間の交流，地域や学校での人間関係から学んでいくものである。

その他の共感に関する分類の試みについては，表3-1にまとめた。多くは二分法であり，例えば並行的共感は，直接的な無意識での反応に注目しており，応答的共感には認知成分が含まれている[4]。フリス（Frith）は，

> **視点取得と役割取得**
> 視点取得は，他者の視点から見たときどのように見えるかであり，役割取得は，他者の態度や期待を自己の内部に取り込むことによって，社会から自分に要求される役割を取得しその役割を実行することである。

		文　献
並行的（parallel）共感	応答的（reactive）共感	11)
反射的共感	意識的共感	12)
資質（dispositional）共感	場面（situational）共感	13)
特性（trait）共感	状態（state）共感	14)
基本的共感	訓練された共感	15)
本能的共感	意図的な共感	16)

表3-1 ●共感の分類

心の理論を意識して本能的共感と意図的な共感に分類した[16]。しかしこれまで議論してきたように，脳の特性，感情の階層性，社会学的な知見を満たそうとすると，情動的共感と認知的共感の区分の応用が広い。

2. 共感のメカニズム

　共感という機能がすべての種の動物に備わっているかどうかは自明でない。記憶や学習という能力は，動物の発生という進化の初期の段階から備わっていたが，イヌやネコに共感能力が備わっているかと問われれば，見方によっては難しい。動物の行動観察から，広く協力行動や援助行動が見られるが，共感能力は進化のある段階から，すなわち自己意識を持っているといわれるチンパンジーあたりの霊長類から発生してきたと考えられ，共存の必要に迫られて付加されてきた新たな脳の機能と考えるのが妥当である（第4章）。問題は，共感が脳のどのような機能と関連して発生してきたのかを説明することである。

1）シミュレーション理論（Simulation theory）

　シミュレーション理論は，他者の心理的状態を自己の心の中で自動的に模倣する（imitation）[17]，または再現（simulate）されるという考え方である。心臓のシミュレータは，心臓と同じ働きを機械でシミュレートしている。これと同じことが脳の中で起こっている。この基礎には，他者の表情，ジェスチャー，声，姿勢，動きなどを認知するのに，自分が表情，ジェスチャー，声，姿勢，動きなどを実行する神経系を兼用しているという考え方がある。その脳の中での兼用の仕方はそれぞれの刺激の質によって異なるが，これらは脳の中で無意識的か

涙の出力

人は悲しいとき涙を流すが，そのとき働いている脳の神経系は，悲しいという情報が副交感神経系を興奮させるプロセスを経て涙を流させている。他人の涙を見たときの情報がこの涙を分泌するのと同じ神経系に入力されているために，自分が流す涙と他人のために流す涙の区別が生理学的に難しい。

つ自動的に起こっている。人は悲しいとき涙を流すが，そのとき働いている脳の神経系は，悲しいという情報が副交感神経系を興奮させるプロセスを経て涙を流させている。他人の涙を見たときの情報がこの涙を分泌するのと同じ神経系に入力され，自分が流す涙と他人のために流す涙の区別が難しいことをこの理論は示している。

「はじめに」でもふれたが，近年，神経科学の分野から，ミラーニューロン（mirror neuron）が発見され[18)19)]，これが共感の実体的基礎であるとして関心がもたれている。ミラーニューロンは，サルの神経生理学的研究から発見された特徴的な活動様式を示す神経細胞で，サルが物体をつかむとき，自分の手指の運動を制御するニューロンと同一のニューロンが，他人が行っている同じ動作を見たときにも応答するニューロンである。つまり，脳は自分の行動を制御するのと同じ神経回路を使って，他人の動作を認識していることを示唆している。脳は，一部の情報処理の機能を兼用して効率的に使っているようである。この発見は動作の認知に関するものであるが，これを感情の認知に応用したのが共感のミラーニューロンといえる。他者の感情を認知するために，自分の感情を喚起し認知するための神経回路の一部を兼用している可能性を示唆している。事実，痛みに対して，自分が感じた痛みに反応する前部帯状回の領域が，他人が痛いとふるまっている姿を見たときにも同じ反応をすることが，ヒトのニューロン活動記録の研究と機能的画像解析の研究から報告されている[20)]。また前頭眼窩野，島領域も感情の共感に関与することが示唆されている。マウスでも痛みを伴った行動学的共感の研究が行われている[21)]。

このことは，共感のメカニズムを考える上で重要である。共感の分類では，このミラーニューロンの存在や役

共感の実体的基礎——ミラーニューロンの存在

ミラーニューロンは，サルの神経生理学的研究から発見された特徴的な活動様式を示す神経細胞で，サルが物体をつかむとき，自分の手指の運動を制御するニューロンと同一のニューロンが，他人が行っている同じ動作を見たときにも応答するニューロン。これは脳は自分の行動を制御するのと同じ神経回路を使って，他人の動作を認識していることを示唆しているが，この発見を感情の認知に応用したのが共感のミラーニューロンである。他者の感情を認知するために，自分の感情を喚起するための神経回路の一部を兼用している。

割を考慮して，感情シミュレーション・プロセスを共感の機能の中に導入した。このプロセスは，脳内で無意識に起こっているために，外に現れる現象として起こってくるときは，情動伝播や情動的共感の形を取ってくる（**図3-1**）。もし他人の苦しみを見て，自分の苦しみの脳内領域が自動的に反応し，冷汗や，心拍や呼吸が激しくなる自律系反応が出現されるとしたら，人はどう感じ行動するだろうか。涙はこの結果の一部である。特に分類の項で述べた情動的共感はこの傾向が強く，情動伝播はこの特性の特徴的な現象である。脳の中におけるミラーニューロンの存在は，他者の動作や感情認知の直接的な反映であり，自己の中に区別しにくく避けがたい情動的反応を引き起こす。

2）バーロン‐コーエン理論（Baron-Cohen theory）

他者の心を理解するメカニズムとしてバーロン‐コーエン（Baron-Cohen）らは，マインド・リーディング（mind-reading）理論を提唱した[22]。これはまた心の理論（Theory of Mind）とも呼ばれ，他者の意図や考えを読み取る能力のことである。最初，プレマック（Premack）とウッドラフト（Woodruft）によって提唱され[23]，バーロン‐コーエン理論はこれをさらに発展させたもので，**図3-2**はそのモデルを示している[24]。このモデルは，他者の行動に対して，相手の意図を知る意図検知（ID：Intentionality Detector），相手の視線を検知する視線検知（EDD：Eye Direction Detector），これら2つを統合する注意共同メカニズム（SAM：Shared Attention Mechanism），そして最終的に相手の心を知る心の理論メカニズム（TMM：Theory of Mind Mechanism）から成り立っている。この能力は，成長・発達と共に出現してくる能力で，生まれてから9カ月頃までに意図検知や

他者の心を読む「マインド・リーディング」の提唱
マインド・リーディングは心の理論（Theory of Mind）とも呼ばれ，他者の意図や考えを読み取る能力のことである。

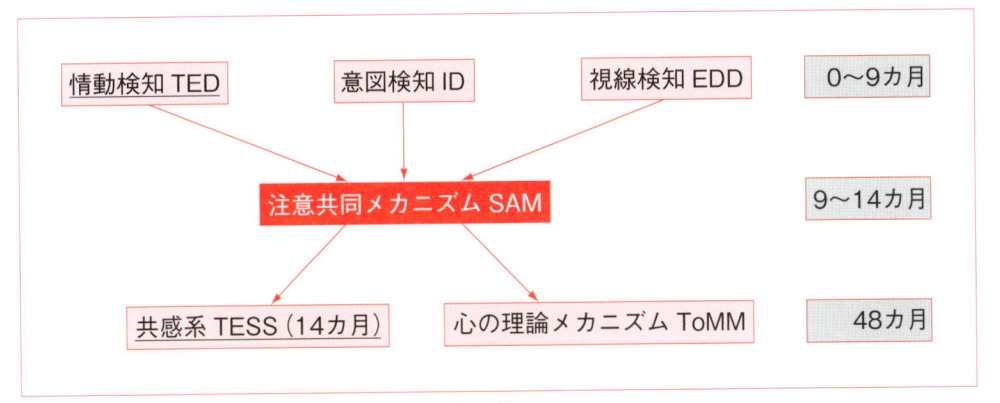

図 3-2 ● Baron-Cohen の共感モデル[24]
TED：The Emotion Detector，ID：Intentionality Detector
EDD：Eye Direction Detector，SAM：Shared Attention Mechanism
TESS：The Empathizing System，ToMM：Theory of Mind Mechanism

視線検知ができるようになる。例えば母親の意図や目的行動の理解を意味し，「私を見て」とか「あちらを見て」という母親との共視などが起こる。ついで生後9カ月〜14カ月ぐらいにわたって，注意の共有化，すなわち自己と他者，第三者間での注意の分配，移動およびその制御が可能となる。例えば，「母親がカップを欲しいている」という意図の検知から，第三者である母親が，「私がカップを見ていることを見ている」ということを理解する能力である。そして生後2年あたりから，他者の心を読み取れるマインド・リーディングが可能となる。「母親がカップの中に水があると思っている」ことを子供が理解する能力である。

しかし，これには，行動を起こす動機づけが欠けており，それを補ったものとして共感がある。感情のマインド・リーディングとして，情動検知（TED：The Emotion Detector）の能力が，注意共有メカニズムに入力する必要があるとしてバーロン-コーエンは，このモデルを一部修正した[24)25)]。共感のための情動検知が，意図検知や視線検知と同じ時期に発達し，この情報が注意共

有メカニズムに入力し，共感システム（TESS：The Empathizing System）が心の理論システムと共に発達してくるとした。この共感システムが他者のほうへの行動を促すシステムとなる。このモデルは，感情を知るという認知プロセスと感情を共有するプロセスが異なるプロセスであることを示している。感情を共有するためには感情認知能力よりも高度な能力が必要となる。

　新生児では3カ月頃から接触や表情，声の調子から相手の感情を検知する能力ができ，「母親が怒っている」，「母親が喜んでいる」ことがわかる。これらの能力の獲得後，第三者との関係の理解を経て，共感システムが約1年後に発達してくる。これにより「母親は私が痛がっていることに心配している」との三人称の関係を理解できることになる。これらの理論は，幼児の共感の発達過程，および自閉症やアスペルガー症候群の子供の研究から示唆されてきたものである。

・・・・・・・・・・・・・・・・・・・・・・・・・・・・・・

　ここで示された共感の2つの理論は，第2章で述べた基本情動の脳内機構と強い相関を持っている。ルドーの新たな恐怖情動の神経回路系の発見は，情動には2系統の情報処理過程があり，情動の発現には，正確な情報を処理して形や動きを認知する大脳皮質を介して扁桃体に入力する系と，大脳皮質に入力する系の途中にある視床から扁桃体に直接投射している発生学的に古い系の2系路がある[26]。前者は意識された正確な情動の発現に，後者は意識にのぼらない，素早いが漠然とした情動の発現に関与し，この考え方は，感情を生得的成分と認知成分に分ける二重過程理論の科学的バックグランドを提供するものである。その流れに沿ったとも見られる情動的共感と認知的共感の区分はミラーニューロンの存在により確かなものになった。

これまでにも情動的共感や認知的共感という言葉は用いられたが，そこでは単に「観察者に生じる情動反応」を情動的共感とし，認知能力の一つとして認知的共感を定義していた[27]。本論で用いられている情動的共感は，生理学的反応としてのミラーニューロンの存在を根拠にした無意識の情動反応を含んでいる。このことは，他者の強い情動表出を感知すると，観察者における心拍数の増減や表情の微妙な変化などの自律神経反応が無意識的に表出される可能性のあることを意味し，観察者の恐怖や嫌悪を抑制することが難しいことを示している。ついでこのような情動反応が意識にのぼり，状況に照らして自分が感じた感情が合理的なのか，道徳的なのかなどを考慮した状況依存的な認知的共感が起こる。共感は，社会学的に人間の社会的存在理由や存在価値などに強く影響するために，非常に高い感知能力が求められる。人は他人のふるまいや行動を見ながら自分の行動の多くを決めている。他者がどのように自分のことを考えているかは，自分がお人好しで騙されて損をしないためか，人と共通の心を共有できるかの必須条件であり，そのために脳はミラーニューロン的な共感システムを作り出してきたと考えても過言でない。他人の表情や視線，しぐさなどの微妙な変化に対して人は高度の感受性を持っており，そのシステムの一部が共感機能である。

　ここでは共感を情動的共感と認知的共感に分けたが，研究者によって，これら二つを一つの情動的共感と定義づけ，認知的共感は心の理論と対応して用いることがある。反対に心の理論を感情的心の理論（affective Theory of Mind）と認知的心の理論（cognitive Theory of Mind）に分け，前者をここでいう感情の共感としている研究者

もあり[28]，言葉の用い方に注意を要する。

　さらにここで注意しておきたいことは，感情と情動の言葉の使い方である。読者もこれらの言葉づかいに違いのあることに気がつかれたと思うが，一般的定義としての情動（emotion）は，一時的で激しい身体的変化を伴う観察可能な感情であり，感情（feeling）は主観的体験を含む個人によって異なる感情とされている。これに従い，第2章の感情階層説では情動と感情を明確に分け，情動を，原始情動と基本情動に，高等感情を，社会的感情と知的感情とし，前者は無意識的で自動的な古い機能で，後者は自己意識を伴った認知成分とした。しかし共感では，「情動的共感（emotional empathy）」という言葉の中に，特性としての無意識性や無自覚性を含めているが，この使い方は共感のプロセスを強調したもので，対象としている感情は無意識の中の悲しみ，苦しみ，愛しさなどを含めたすべて情動・感情全般を対象としており，第2章で分けた情動の種類を越えている。本来emotional empathyを，感情的共感とすべきところ，認知的共感との関係で，情動的共感とした。日本語としての情動と感情の使い方の区別にはもう少し時間を要する。

「情動」と「感情」
情動（emotion）は，一時的で激しい身体的変化を伴う観察可能な感情であり，感情（feeling）は主観的体験を含む個人によって異なる感情とされている。

第4章 共感の発生

1. 共感の発生

「他者の心を知る」という機能の基本は何かを考えてみると,「知る」という内容は,単に眼で見て知るとか,手に取って知るという内容でないことは確かである。ここでは,心を「知る」を「推測する」,または「予測する」という言葉と置き換えるのが正確かもしれない。それも単なる当てずっぽうな推測ではなく,経験と知識に基づいた根拠のある確度の高い予測である。このような予測システムが進化の過程で脳の中に備わってきた。

脳の中の予測システムの最初の出来事は,進化を遡ると運動の発生にたどり着く[1]。動物は,外界から栄養素を取り入れなければならない構造と機能になっている。進化の初期の動物は,海中に漂っている植物性プランクトンを受動的に採集していたが,そのうち動物性タンパク質の高エネルギー効率性から,動物性プランクトンを食べ,さらには他の草食系動物や肉食系動物を食べるようになってきた。この過程で,鋭敏な運動能力の獲得は生存に必須となり,そのために神経系が発生し,感覚系や運動系の優れた能力を持った動物が地球上で生き延びることになった。食糧として他の動物を捕獲する場合や,他の動物から捕獲されないよう逃避するためには,どのような機能が脳の中枢機能として形成されなければならなかったかを考えた場合,ここに予測システムの発

生の原型が見られてくる。

　獲物を捕獲する場合を考えてみよう。何か知らない小さな動くものが近づいてきたとき，これを認識するシステムが当然脳の中に備わっていなければ，海中の他の動くものから獲物を区別することができない。また獲物を認知しただけでは，その獲物をとらえることはできず，さらに必要なものは，動く相手との距離や速度，方向などの計算であり，そのタイミングである。これらがすべて備わって初めて獲物を獲得することができる。それを実現するためには，高度の視覚，聴覚，嗅覚，体性感覚の情報処理が可能な感覚系の進化が必要であった。近年，発見された運動系のミラーニューロンは，他の動物の動きを認知する運動認知システムで，自分の運動神経系を兼用して相手の動きを認識していることを示唆している[2]。

　しかしこの場面を別の視点から眺めると，この神経系は予測システムを獲得したとも考えられる。外界の情報を感覚器官から取り入れ，相手の動きを予測して，その計算に基づいて，例えば口を広げ突進するといった運動を解発することになる。最初はおそらく不正確で失敗することも多かったが，試行錯誤という学習を重ねていくうちに正確になり，獲物を獲得できる確率も高くなっていった。これは捕獲者から逃げる場合も同じことで，高い感覚機能や予測機能，さらに運動機能を備えた動物だけが，捕獲者から逃れて生き残ることができた。この考察から脳の統合の基本は，予測機能であるともいえ[3]，感覚系や運動系の神経系を発達させるとともに，この予測システムを進化させてきた。

・・・・・・・・・・・・・・・・・・・・・・・・・・・・・・・・

　進化が進むにつれて，予測システムにいろいろな補助機能が備わってきた。主要なものは，記憶で経験したも

ののデータベースの構築である。これによって学習は蓄積され，予測システムは正確さを増していった。これは神経の可塑性と関連した学習機能の強化であり，判断速度は速くなり，より多くの獲物を獲得し，また捕獲者から素早く逃れることを可能にした[4]。

捕獲者，被食者共に感覚機能，予測機能，運動機能が進化していくと，それが相乗効果となり，ますます複雑な脳が必要となっていった。食性も複雑になり，環境も動物が地上に這い出てきたとき，さらなる能力が求められてきた。しかし相手の動きを予測する必要性に変化はなかった。

進化は時を待ってくれず，ここにわれわれの祖先である哺乳類の発生を見る。このときの生き残り戦略として，群れを作る戦略の有効性が発見された。これが脳の体積を大きくする強力な進化圧となったことは進化上の事実である[5]。何が負荷となって脳の大きさを増大していったのであろうか。群れを形成する以前の動物の重要な情報は，環境からの情報であり，同種または獲物の情報であった。同種であれば縄張りの確保における攻撃や防御であり，配偶者獲得であればオス・メスの闘争であった。これら個別の情報量はそんなに多くなく，脳の拡大の進化圧としてはそんなに強くなかった。

しかし群れを形成するとなると，二者関係だけでは解決できない三者関係を考慮しなければ行動が決まらないことが出てきた。例えば群れを形成している中でのボスの支配下における下位の者同士の駆け引きの行動の例がある[6]。3匹（A，B，C）では，自己（A）との二者関係は2通り（A-B，A-C）で，他人同士の間の関係は1通り（B-C）しかないが，4匹（A，B，C，D）になると自己（A）との二者間は3通り（A-B，A-C，A-D）であるが，三者間の関係は3通り（B-C，B-D，C-D）に

なる。行動を決定するためには，単に自己と他者の二者関係だけを考えていては決まらず，3通りの三者関係を考慮しなければ動きがとれない。群れのメスをめぐる複雑な序列社会ではこのことが理解できなければ群れの中で生き残ることはできない[7]。これがさらに多数になると，天文学的な数の組み合わせの関係を推測する必要になる。例えば10匹の群れでは，二者関係は9通りであるが，45通りの三者関係を考えて行動しなければならないし，さらに3匹間，4匹間の組み合わせを考えると考慮すべきグループ数はますます増えてくる。

このような複雑な群れの中で生き残っていくためには，社会的知性が必要となってくる。社会的知性を表すものに，欺き，裏切り，注意の操作，協力，同盟，連合，援助，支持，好ましさ，模倣，遊びにおけるふりなどがあり，共感もこの中に含まれている。協力と欺き，連合と支配を駆使して，オスはボスの座にのぼりつめていく[7]。

ここに進化の過程で，「心の理論」すなわちマインド・リーディングの能力が非常に重要となり，その圧力で脳が大きくなっていったと考えてもよい。自己の行動は，他者から与えられる情報に依存して決まり，社会的知性を発揮するためには，他者の心の状態についての情報が本質的である[8]。多数からなる集団の中で生きていくためには，非常に複雑な三者関係を含めた関係を考えられる脳を持たなければならず，もしそれがなければ，ボスから攻撃され，あるいは他者と協力しなければ餌にもありつけなかったであろう。

このように考えていくと，マインド・リーディング・システムは，集団の中での社会的知性の遂行のために脳の中に新たに獲得された機能と捉えることができる。配偶者を獲得することや，新たな地位を獲得するといった

「群れ」の形成と関係意識の変容

行動を決定するためには，単に自己と他者の二者関係だけを考えていては決まらず，三者関係を考慮しなければ動きがとれない。群れが多数になると，天文学的な数の組み合わせの関係を推測する必要がある。

集団の中での社会的知性の遂行

複雑な群れの中で生き残っていくためには，社会的知性が必要となる。ここに進化の過程で，「心の理論」すなわちマインド・リーディングの能力が非常に重要となり，その圧力で脳が大きくなっていった。

集団の中で生き残るための予測システムが，従来からある運動システムに新たに加わったといえる。この能力が存在した上で，初めて社会的知性が遂行でき，コストと利益を計算し行動を決めていった[9]。このシステムは言語コミュニケーションが確立する以前から存在し，進化の長期間を占めていた。

意図を知ったからといって，それによって行動が必ず発生するとは限らない。そこには価値判断が入り強い動機づけがなければならない。行動は，相手の対応によって多くが決まるとするならば，共感機能は二者間の行動を決めるものとなる。逆に共感機能のない世界で円滑な社会関係が築けるかというと疑問がある。信頼や信用，親近性は感情のバックグランドがあって作用するものである。これを築くためには，単に感情を知ったから十分であることにはならず，共感の機能の同一化が必要とされる。感情を共有するためには，それに関連する自他の認知，状況の把握など複雑な処理をするための脳も大きな領域を必要とする。

ここで忘れてならないもう一つのマインド・リーディングの大きな要素は，哺乳動物の胎生出産に伴う養育の問題である。新生児は，運動機能や感覚機能が未熟な状態で産まれ，生活力は親に完全に依存している。親は子孫を残すために自活できるまでの長期間の子育てを完全に遂行することが求められる。ヒトを例にあげれば，新生児は言語を発することができず，泣き声や表情の変化，体の動きで表現される要求を，親がどう理解し養育していくかの中にマインド・リーディング能力の進化の原型をみることができる。赤ん坊が泣けば，空腹で泣いているのか，汚物で気持ちが悪くて泣いているのかの区

マインド・リーディングの原型
新生児は言語を発することができず，泣き声や表情の変化，体の動きで表現される要求を，親がどう理解し養育していくかの中にマインド・リーディング能力の進化の原型がある。

別ができなければ子どもの生存は保証されない。また子どもの不安を取り除く愛撫行動を発するよう判断できなければ正常な成長は望めないであろう。

　これまでの議論を踏まえて考えると，われわれの中には大きく3つのリーディング・システムが存在することがわかる（図4-1）。第一は，相手の動き（Motion）を予測するためのシステムで，これは進化的にもっとも古いシステムである。動物が他の動物を捕獲する場合，また捕獲者から逃げなければならない場合，相手の動きがわからなければ生きていくことはできず，子孫を残してはいけない。感覚系は，相手の行動を予測するために，より正確に，より速く遂行できるシステムに進化してきた。視覚系を例にあげるならば，進化の最初は，明暗だけで漠然とした対象の形の認識だけであったものが，最終的にはヒトの視覚系のように，形，奥行き，色覚，動きと，現実にわれわれが見ている世界を認識できる感覚

3つのリーディング・システム
①相手の動き（Motion）を予測するためのシステム。②心の理論にかかわる予測システムで，相手の意図を予測することである。③他者の感情を読む共感の予測システムで，より高度な情報処理機能を必要とする。単に表情だけからではなく，全体の雰囲気から相手が何を感じているかを読み取る能力など。

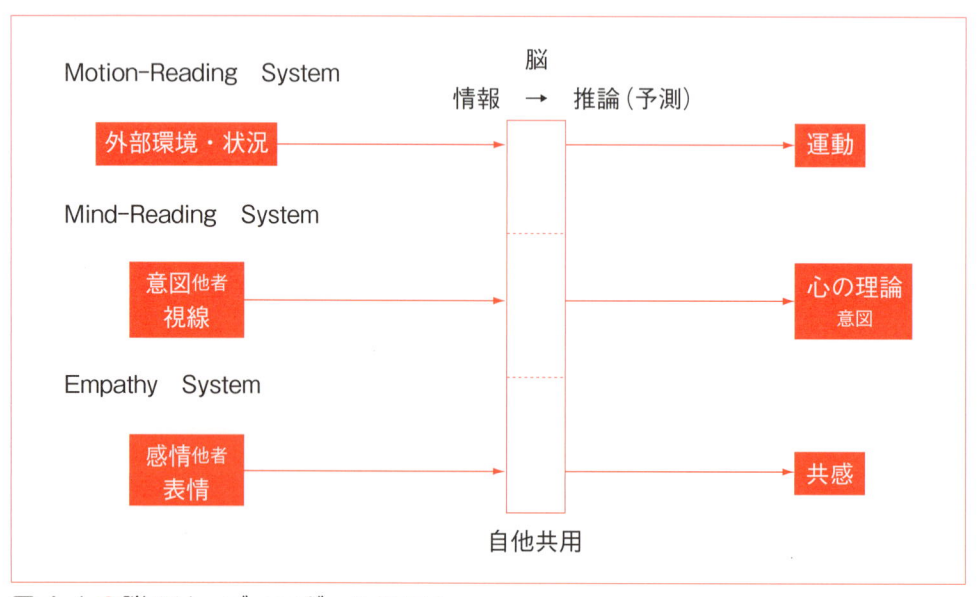

図 4-1 ●脳のリーディング・システム

系に進化してきた。われわれはそれを通して，相手の動きを予測することができる。

　第二のシステムは，第3章で議論した心の理論にかかわる予測システムで，相手の意図を予測することである。バーロン-コーエン理論に従えば，人では視線の検知が主要な部分を占めている。動きは，ある程度の物理的連続性を考えれば予測できるが，相手の意図を推し量るには，かなりの脳機能を要する。多くの経験，そしてその背景にある記憶容量の増大，さらには視線を正確に動かす機能が進化してくる必要がある。哺乳動物ではこの予測システムがかなり進化してきて，群れを構成する基礎になっている。

　第三のシステムは，他者の感情を読む共感の予測システムで，これまで議論してきたように，より高度な情報処理機能を必要とする。単に表情だけからではなく，全体の雰囲気から相手が何を感じているかを読み取る能力などで，バーロン-コーエン理論では，心の理論に，あえて情動検知と共感機能を加えて議論している[10]。そして共感には，情動的共感と認知的共感の階層構造を有していることを第3章で指摘した。

　これら3種類の階層的な予測システムが協働して，人では社会生活が円滑に営めている。コミュニケーションとは，単に言葉によるコミュニケーションだけでなく，感情コミュニケーションをも含んでいることを共感の基礎を論じる場合は考慮しなければならない。

　しかし人間には，さらに進み第2章の知的感情で議論したように，時間を考慮した未来を推定する能力や知識に基づいて創造性も獲得してきた。これらが広い意味での予測機能であるが，この実態が何であるかは明らかでなく，ここではあえて第四の予測機能として取り上げな

かった。今後の課題である。

　さらに共感を議論する場合，共感機能の結果から社会の中における人間の特性について述べることが多い。社会は，他者と自分が異なる存在であっても，自分の考えと他者の心の中にある考えが同じであると信じる信頼関係で構成されている。これを積極的に使っているのが説得の場面で，無意識，または意識的に相手の感情に訴え，自分の感情しだいで相手に影響を及ぼしうるというのはこの同一性が基礎になっている。この自己と他者の同一性は，他者の感情が読めただけでは不十分で，心を同じくするという共感が必要であり，これは組織を形成する上で非常に重要なもので，共に生きている，共に生きていくという孤立や孤独を防ぐ心の基本を提供している。これらは共感の議論で避けて通れないものであるが，ここでは共感の機能を中心に議論した。

　またここで指摘しておかなければならないことは，この予測システムは，階層があがるにつれて不確定性が増し，不正確になる傾向があることである。つまり他者の行動を予測する上で階層が上がるにつれて信頼性が低い間違いやすいものになっていく。われわれは，他者の心が完全にわかるわけではなく，中途半端な，ある場合にはまったく間違った推測をしてしまうことがある。逆説的に，もし友人の心の中が完全に読めるとしたら，われわれは世の中をとても生きていくことはできないであろう。知りたくない人間関係のあいまいさが共感には存在する。

2. 共感の階層性

　共感は感情と密接な関係にある。多くの場合，共感とは，相手の苦しみや愛情を感じ取り，自己の中で類似の

自己と他者との同一性，共生感

社会は，他者と自分が異なる存在であっても，自分の考えと他者の心の中にある考えが同じであると信じる信頼関係で構成されている。この自己と他者の同一性は，他者の感情が読めただけでは不十分で，心を同じくするという共感が必要であり，これは組織を形成する上で非常に重要なもので，共に生きている，共に生きていくという孤立や孤独を防ぐ心の基本を提供している。

感情が湧き出すことを経験的にいっている。だから恋人同士は，共に愛情を感じ幸せな関係を築くことができる。

共感が感情と密接に関係していることから，共感の発生には，感情の発生とも関係していることが推定されるが，感情の発生と同時に共感が発生してきたかどうかは自明でない。感情の階層性にしたがって，共感の階層性について議論する。

1）原始情動の中での共感

原始情動の世界で，情動の交流を基本とする共感が成立するかどうかを考えたとき，原始情動は，個体の身体状態に強く依存するために，快・不快情動の共有は，同時体験をしない限り成立しない。例えば，気分が悪い，体がだるいなどといった情動体験は他人との共有が困難である。誰も他人の気分の悪さを見て自分も気分が悪くなる人はいない。ただ自分の経験を通した想像は可能であり，他人と同じ身体構造を有しているために，腹が痛い，歯が痛い，気分が悪いなどは簡単に連想される。子供の情動伝播はこの連想による。しかしそれによって，腹が痛くなった，気分が悪くなったという人はいない。その点から快・不快の原始情動の共有は難しいといえる。

共有がないからといって身体に伴う痛みや不快の伝播には非常に強いものがあり，受け取る人は，その伝播を無意識に拒絶することは難しく，いたわりや慰め，ケア行動が発生するのは自然なことである。動物行動の中にすでに多くのこれに関連した行動が報告されている[11]。

2）基本情動の中での共感

それでは基本情動の世界では，情動の共有化は可能で

あろうか。進化の過程をたどり基本情動の発生を考えたとき，個体の存続に関連した喜びや恐怖の共感は，基本的に存在しないと考えられる。ある動物がライオンに襲われたときに，襲われた動物の恐怖感は，それと同じ種の他の動物の間で共有されず，声による情動伝播がみられるにしても，おそらく離れた場所で，そのことには気にせず，もくもくと草をついばんでいるであろう。また捕獲者のライオンは，食べている動物が強い恐怖に駆られたと理解しているかというと，そのようなことはないということになる。

　この例では捕食者-被食者間の動物であり，その間での情動の共有は存在しにくいと理解されるが，それでは同種の間では，例えば恐怖情動の共有はあるのではないかという問題が残る。しかし基本情動の喜びや恐怖，嫌悪は，個体の生存を基本としており，同種間の相互作用はテリトリー防衛以外，その接触は非常に少ない。お互いの接触が少なければ，その間の情動の共有は少なく，共感機能の進化はここではあまりみられない。ただし群れでの恐怖の物理的伝播は存在し，それは社会的感情の中の共感で議論する。

　もう一方の基本情動である怒りや受容・愛情は，同種の相手を想定しており，性行動や養育行動において本質的なものである。メスをめぐるオス同士の戦いを眺めると，テリトリーや地位を守るような攻撃行動を見ることができる。そのオスを倒さない限り自分の遺伝子が残せないことは確かであるが，その中に怒り情動の共有，つまり相手が怒っていることを知るということがあるかどうかは明確でない。それよりむしろ強弱の意識が主に作用しているのではないか。

　受容・愛情に関しては，哺乳動物としての子育ての中に，親子の感情のコミュニケーションがなければ子ども

の成長を望むことはできず，協力して生きていくという行動の中にその片鱗が見られる[11]が，血縁を中心とした集団に限られた行動なのか，遺伝子のつながりのない他人にまで及ぶのかは，明確な観察は報告されていない。

これらを考えると，基本情動の世界では一般的な情動の共有化は必ずしも明確でない。しかしこれは情動の共有についてであり，この世界では，相手の行動や意図の予測能力が明確に進化し備わっているといわなければならない。これは肉食という食糧確保のしくみを進化の中で持った動物の宿命である。捕獲者がい襲おうとしているのか，単に通り過ぎて水を飲みにいこうとしているのかの区別は必要である。

3) 社会的感情の中での共感

社会的感情は，動物が群れを作るメリットを発見したときから進化してきた感情で，社会的知性に根ざしたものである。その中から出てきた感情として，愛情，嫉妬，内気など対人関係の感情が多く含まれ，一般に共感はこの社会的知性の能力の中に初めて現れてくる。

ではなぜ共感は，社会的知性の中で進化する必要があったのであろうか。それを考えるに当たって，進化論からは導出が難しい利他的行動の発生を考察することが参考になる。

ダーウィン（Darwin）の進化論から，一般的な援助や協力などの利他的行動がなぜ起こってくるのかの説明は難しい[12]。なぜなら個体において生存が第一であり，他の個体の援助は，時に自己の死を意味するからである。少し拡大して種の維持という概念で説明できるかというと，これもまた利他的行動の発生を完全に説明することは難しい。この利他的行動の解釈がきっかけとなり，利己的遺伝子の維持という考え方が提案された[13]。危険に

共感の背景にある社会的感情・知性

社会的感情は，動物が群れを作るメリットを発見したときから進化してきた感情で，社会的知性に根ざしたものである。その中から出てきた感情として，愛情，嫉妬，内気など対人関係の感情が多く含まれ，一般に共感はこの社会的知性の能力の中に初めて現れてくる。

陥ったとき，生物学的に自分の遺伝子に近い自分の子ども，自分の孫の順で投資をすれば，自分の遺伝子を引き継ぐ確率が高くなってくる。そこに血縁関係を中心とした集団の形成がみられる。しかし血縁関係における繁殖の最大化という概念からしても，見知らずの他人を助けるという行動の説明は難しい。

集団の中で協力し合いながら，また助け合いながら生活していくことは，集団の生き残る確率を高くする。しかし問題は，この集団の中で利己的な行動をもつ個体が出てくると，利他的行動をとる個体の存続は危うくなり，助け合うよりも利己的行動をとる個体の利得が大きくなってしまう危険がある[14]。つまり手前勝手な人はお人好しの集団の中で一方的に得をすることになる。

進化ゲーム理論によれば，集団の利得の進化的に安定な戦略は，相互互恵的で，相手が協力すれば自分も協力し，他人が裏切れば自分も裏切るという行動戦略が最も集団の利得が最大になることを示している[14]。この相互互恵的戦略は繰り返し行動においても通用できる。

これから見えてくることは，集団の中で，いかに個人が騙されないようにするかということになる。相手を知るということは，自分の利益を考えた場合，集団の中で他人から騙されないことであり，お人好しになったりしないという，生きる上での基本に関係してくる。騙す場合にも，騙されない場合にも，また他人を出し抜く場合にも，相手の意図を正確に認知することが第一に求められる。この区別ができないと，自分の財産や生命を失う危険が生じる。表情は，感情を表す窓口であり，目は心の窓口であることを知っている。例えば嘘をつく人は，赤面し，視線をずらしたり，顔を動かしたり，息が激しくなったりとさまざまな微妙な兆候を示す。われわれは，その微妙な変化が何であるかを正確に読み取り，相

利己的遺伝子
危険に陥ったとき，生物学的に自分の遺伝子に近い自分の子供，自分の孫の順で投資をすれば，自分の遺伝子を引き継ぐ確率が高くなるという社会進化の説である。

手の話がどうもおかしいと感じ，騙されないように気をつけるのである。このような感情表出の窓口を通して，恐怖や怒り，愛情の感情を相手の中に見て取ることができる。これはポーカーゲームやスポーツなどで指摘されていることである。対戦者は作戦の手の内を簡単に読まれてしまっては勝負にならない。旅人が見知らぬ人と出会った場合，自分の心を開襟すると同時に，相手の意図や感情を正確に読み取らないと命取りになることでもわかる。この社会的能力があるから，騙すのとは反対に，協力し信頼していける人は誰かということを区別し，彼らと共に安心して生活ができるのである。

　人間における意図は完全に隠すことができるかもしれないが，残念ながら感情は完全には隠すことができない。感情階層説によれば，原始情動や基本情動は，身体の生理的基盤と直結しているために，情動表出を制御することが難しい（図2-2B）。そして社会的感情は，基本情動の神経回路を通して自律神経系につながっており，これを意識的に制御することは非常に難しい。人は怒ったとき，心拍数を変化させないで怒ることは誰にもできないし，喜びを表すときに口元を緩めないでほめることはできない。また嫌なときは視線をはずし呼吸の乱れを止めることはできない。詐欺師は，自分を本物に見せるために実際に涙を出し，正直であるように見せなければ他人を信用させることはできない。このことは異なる2つの感情を同時に表出することが自律神経系の働きから考えて難しいことを示している。

　その微妙な変化を感知することなしに，他者と交流することは危険を伴うことは自明である。その微妙な変化を感知するために，共感に伴う中枢神経系の進化があった。この能力は，さらに相手が信頼できるのか，相手は

社会的感情は自律神経につながっている
人は怒ったとき，心拍数を変化させないで怒ることは誰にもできないし，喜びを表すときに口元を緩めないでほめることはできない。このことは異なる2つの感情を同時に表出することが自律神経系の働きから考えて難しいことを示している。その微妙な変化を感知することなしに，他者と交流することは危険を伴う。

自分を信頼しているのかの判断にも応用され，協力行動を起こす土台になった。協力者と非協力者の区別がつかない場合は自分が損をする。恋愛行動はこの能力をフル回転させ，相手の言葉やしぐさ，視線の微妙な意味に一喜一憂し，愛を育てていく中に共感のすべてが現れている。反対に，別れはこの歯車がかみ合わないことによる。

　涙は逆に完全に見せることによって共感を呼びよせるものである。涙は，人が共通に流すことができ，また人は共通に涙を出す理由を知っている。痛みによる涙，悲しいときの涙，悔し涙，うれし涙と数ある涙を知り，他人の涙は強力な共感を引き起こし，相手に対する強い動機づけとなる。時にそれが暴力の停止となり，欲望を実現する意識的な武器にもなる。また共感性の高い人は信頼できることを知っているから相手が信頼できるかどうかのリトマス紙の役割を持つ。

　このように集団の中での社会的操作は，表情やジェスチャーを積極的に見せることによって，共感をコントロールし自己実現や援助を求める戦略的方法も獲得するようになった。その中でも，うそ泣きで泣かれると非常に弱い立場に人間が立たされるのは古今東西を通じて共通らしい。詐欺行為を中心とした事件の中で，人間の信頼関係が巧妙に隠され，共感機能を悪用する人がいて，人の心の意図を見破るのを難しくしている。苦しんでいる人に共感し助けたいという気持ちは，多くの人に感動を与えているが，反対の不合理な感情を起こす人の行動は，小説や映画，経済事件の話題を提供している。

　ここで注意しておかなければならないことは，恐怖，喜び，怒り，愛情などは，発生的に基本情動に属するが，これらは階層構造を有し，社会的感情としての恐怖

涙の役割
涙は，人が共通に流すことができ，また人は共通に涙を出す理由を知っている。他人の涙は強力な共感を引き起こし，相手に対する強い動機づけとなる。時にそれが暴力の停止となり，欲望を実現する意識的な武器にもなる。また共感性の高い人は信頼できることを知っているから相手が信頼できるかどうかのリトマス紙の役割を持つ。

感情や愛情なども存在するということである。上司からの恫喝や地位を奪われること，失うことの恐怖などは社会的感情の中に分類される感情である。このような感情に対して，われわれは共感でき，時に相手に同情し，時にそれを超えて援助の手を差し伸べることはよくある話である。人間社会において，基本情動の恐怖が共感を呼び起こさないといったのは，例えばジェットコースターで，人びとが恐怖を楽しんでいるような恐怖には共感がないといっているのであり，安全を脅かされたときの恐怖の情動伝播は起こっている。

4）知的感情の中での共感

社会的感情下の共感は，自己利益的な役割の中で機能化してきたと上記で議論した。共感機能が，いったん脳の中に作られてしまうと，今度はその機能は普遍化され，意識的に使うという能力が発生する。見知らぬ他人の苦しみを見て，自分も何かしらの苦しみを感じ，自己利益に囚われない，何らかの利他的対処行動を取らなければならないと考え，人はこの心の動態を，正義や責任，ヒューマニズムや博愛の理論で普遍化してきた[15]。

人間の文明化の歩みは，政治や経済の地理的拡大，認識世界の拡大にあったといっても過言ではない。それに伴い，世界の不確実性は拡大し，それを補う意味で，人間の共通と考えられる知性と科学技術を進歩させてきた。しかし不確実性の世界の中で，人と人をつなぐ信頼関係も不確実になり，意識的な共感による感情の共有が強く求められるようにもなってきた。

別の点では，個人の社会的賞賛や満足，名誉や誇りなどに結びつける社会的報酬が時代とともに作られていったために，積極的な共感に基づく向社会的行動は，その中に自己報酬の要素を付加していった。つまり，援助行

共感機能と普遍化
見知らぬ他人の苦しみを見て，自分も何かしらの苦しみを感じ，自己利益に囚われない，何らかの利他的対処行動を取らなければならないと考え，人はこの心の動態を，正義や責任，ヒューマニズムや博愛の理論で普遍化した。

動を通して意識的に社会的報酬を求める知恵が，われわれが共通にもつ共感の機能を利用するようになった。これは，援助が人間の負の感情の軽減につながるという生理学的な機能だけではなく，社会的感情の項で述べたもっと高次の自己利益型の延長にあるのかもしれないことを示している。

　人間は他者の存在なくして生きていけないことは確かである。たとえ見知らぬ他人の間であっても，他人は自分と同じ人間であり，危害を加えることのない存在であることが前提になっている。これは言葉を介さなくても自分の心の中を相手に伝え，また相手は見知らぬ他人である自分の心の中が読め，お互いに理解していることを意味している。そのような中で他者から良く見られたい，良く思われたいという虚栄心という感情があり，また他人が自分のことをどのように思っているかを気にしている，そのような中に援助や共感の機能の一部がある。

・・・・・・・・・・・・・・・・・・・・・・・・・・

　前項で見てきたように，時に他者の意図や感情を見破るのは非常に難しい。そのような中で完全に感情を演技できる人に対して，われわれは，恥や罪悪感を持つように仕向けてきた。そしてこれら道徳観を持つ人が信用でき，結果的に得であるという社会を作ってきた。偽りのない心を持った人に親しみを感じ信頼を抱くことができる。

　また人は，単に一人の苦悩だけでなく，集団全体の苦しみ，または階層に属する人びとや血縁以外の人びとの苦しみを想像する能力をも身につけてきた。この能力を使って，共感は国家間の紛争や環境問題をはじめとする地球規模の問題を解決する手段として理念化されていった。われわれは地球の裏側の戦争や飢餓に実感として共

感を覚えることは少ない。テレビが毎日のように戦争の悲惨さを映し出し共感を喚起させようとしているが，逆に繰り返しのため共感を奪い，ほとんどの人は日常生活の中に埋没し，その苦悩が意識化されることは少ない。しかし共感がまったくないかというと，教育や文化を通して，また正義や博愛という道徳を通して，陰に陽に援助をする人がいる。隣人を超えて世界の人びとに援助の手を差し伸べる心の動きが知的感情のレベルで見られる共感である。ここでは，共感は自己利益的役割から，不特定多数のケアを中心とした共に地球上で生きるという普遍的な能力として理論化されるようになってきた。これは介護・福祉，医療などの対人援助職の分野でみられる特性である。

　このレベルでの共感は，教育を通して，また見聞を求めて学んでいくものである。正義や責任，人類愛などの道徳は，人間が歴史を通じて発明してきたものであるために，自分の知らない博愛や人類愛などを想像することは不可能である。知的感情は，必ずしも世界共通とはいえず，思いやりや苦しみ，安らぎは，個人主義が強い国と家族伝統が強い国とで内容が異なることがある。共感という能力は人類共通であるが，現れてくる内容は国や歴史によって異なる。世界の若者が交流を通じて同じ土俵の上に立つことは，正の知的感情を育て世界に通用する共感が育つことになる。それがないと社会的感情に囚われた自己利益的共感が残ったままとなり，「現実的な共感」となる。

　知的感情のレベルの共感は，理性に基づく作られた共感と述べたが，その限界と可能性も指摘しておかなければならない。感情階層説は，異なる階層間の影響を解剖学的所見から排除しておらず，知的感情のレベルの共感

ケアを中心とした新しい共感のあり方
隣人を超えて世界の人びとに援助の手を差し伸べる心の動きが知的感情のレベルで見られる共感である。共感は自己利益的役割から，不特定多数のケアを中心とした共に地球上で生きるという普遍的な能力として理論化されるようになってきた。これは介護・福祉，医療などの対人援助職の分野でみられる特性である。

は，強い原始情動や基本情動，社会的感情の前にはもろくも崩れさりやすい性質と同時に活性化する性質を持っている。不快な気分のとき，恐怖や怒り，嫌悪を強く感じたときには，ネガティブな気分に囚われ他者に対する関心が低くなり，援助を伴う共感は抑えられ現れにくく，時には敵意を感じることになるかもしれない。逆にポジティブな感情は，人間を活動的，開放的，前進的，包容的にさせ，生きる希望を与えてくれる。特に笑いは，感情を解放しすべてを相対化してくれる。そのことまでも考慮して共感は議論されなければならない。

ポジティブ・ネガティブな感情の役割
ポジティブな感情は，人間を活動的，開放的，前進的，包容的にさせ，生きる希望を与えてくれる。ネガティブな気分に囚われたときは，他者に対する関心が低くなり，援助を伴う共感は抑えられ，時には敵意を感じることがある。

第5章

共感の多様性

1. 共感の両義性

　共感（empathy）という言葉が比較的新しいというのは第1章で議論した。また前章では，共感機能は哺乳類に備わった予測能力の一部であり，予測する感情のポジティブ，ネガティブという種類によらない中立的な能力であるとの考え方を示した。単に苦しみや悲しみに対する援助行動を喚起する共感だけでなく，物価が高くなれば共感的怒りが国民の間に広がり，時に暴動を引き起こすであろうし，無差別殺人が起これはそこに共感的恐怖の輪が広がってくる。身の回りをみれば特定の感情だけでなく，あらゆる感情に関して，たとえそれが憎しみであっても人びとと共感することができる。

　前章では，共感の機能の一つとして，騙されないためや貧乏くじを引かないための自己防衛の手段としての役割を指摘した。これは自分が生き残るための重要な能力で利己的といってよい。

　しかし，もう一方の考え方では，人間の善なる立場を主張する人びとは共感という言葉の中に，人という種の利他的特性を圧縮し，人と人が助け合う道徳の発生根拠を挿入させている[1]。人は人と助け合ってしか生きていくことはできず，隣人と世界の人びとと共に，仲良く助け合い，共感していかなければならないという。人は，他人の利己的感情には共感しにくく，利他的感情には共

利己的感情と利他的感情
共感の機能の一つとして，騙されないためや貧乏くじを引かないための自己防衛の手段としての役割がある。これは自分が生き残るための重要な能力で利己的といってよい。一方，人間の善なる立場を主張する人びとは共感という言葉の中に，人という種の利他的特性を圧縮し，人と人が助け合う道徳の発生根拠を挿入させている。人は，他人の利己的感情には共感しにくく，利他的感情には共感しやすい性質を持っている。

感しやすい性質を持っている[2)]。しかし現実に起きている道徳の基礎としての共感を眺めると，共感の利他的行動が共通に成り立つためには，「条件つき」ということができる。その一つは，利害関係であり，両者の利害関係が一掃されて初めて向社会的行動が成り立ち，また集団的利益が個人の利益や美徳に優先されない状況においてのみ成立するものである[3)]。

　このことは，共感機能がヒトの特性として普遍的であるかもしれないが，現れ方は時代に制約されて状況依存的であることを示している。現に，地域や世界，歴史を通じて弱者への援助や慈善の気持ちは共有され長期にわたって持続してきたが，その感度，適応性，表現性は，宗教，生産性，社会制度によって制約されていた[3)]。

　このように共感は，向社会的行動や反社会的または非社会的行動，利己的行動と利他的行動の両方の喚起に関連するが，それを一つの言葉で表すことはできない。合理的な共感と不合理な共感，適応的な共感と非適応的な共感，共生的共感と非共生的共感などさまざまな表現があるが，どれ一つとして両者の機能を包含した概念を表す一つの言葉はできていない。一般の社会で通用する共感も，反社会的集団や異常状態の集団に見られる共感も，共に人間の能力の一つの現れにしか過ぎないと考えるほうが，道徳発生の基礎として考えるよりも共感の理解を深めることにつながる。

　図5-1は，そのことまでを含めた共感プロセスを示す図で，第3章で論じた共感プロセスを土台にしている。苦しみや悲しみを感じている人に出くわしたとき，それを見た人には，視覚や聴覚の感覚刺激を通して他人の表情や動作が認識される。悲しみや苦しみといった感情の情報処理では，自分が感じるときに使われる苦しみや悲

共感の現れ方
共感機能がヒトの特性として普遍的であるかもしれないが，現れ方は時代に制約されて状況依存的である。地域や世界，歴史を通じて弱者への援助や慈善の気持ちは共有され長期に持続してきたが，その感度，適応性，表現性は，宗教，生産性，社会制度によって制約されている。

しみの神経回路がそのまま他者の感情認知に兼用され[4]，これを感情シミュレーション・プロセスと定義した。他人の感情が，さも自分の感情として直接表出されるとき，幼児などの連鎖的な泣きにみられる情動伝播として知られている現象となる。これらがそのまま出力されたものが情動的共感で，自動的かつ無意識的に起こることが多い[5]。**図 5-1** の中で，他者感情の知覚から他者感情の知覚に至る経路が直接つながっておらず，自分の感情処理系を経由していることに注意されたい。

しかし現実に起こっている共感はもう少し複雑で，他者のおかれた状況，また自己の信念，規範や利益などを考慮して共感行動が起こる。他者がポジティブな感情を発している場合は，受け手の側もポジティブな感情が誘

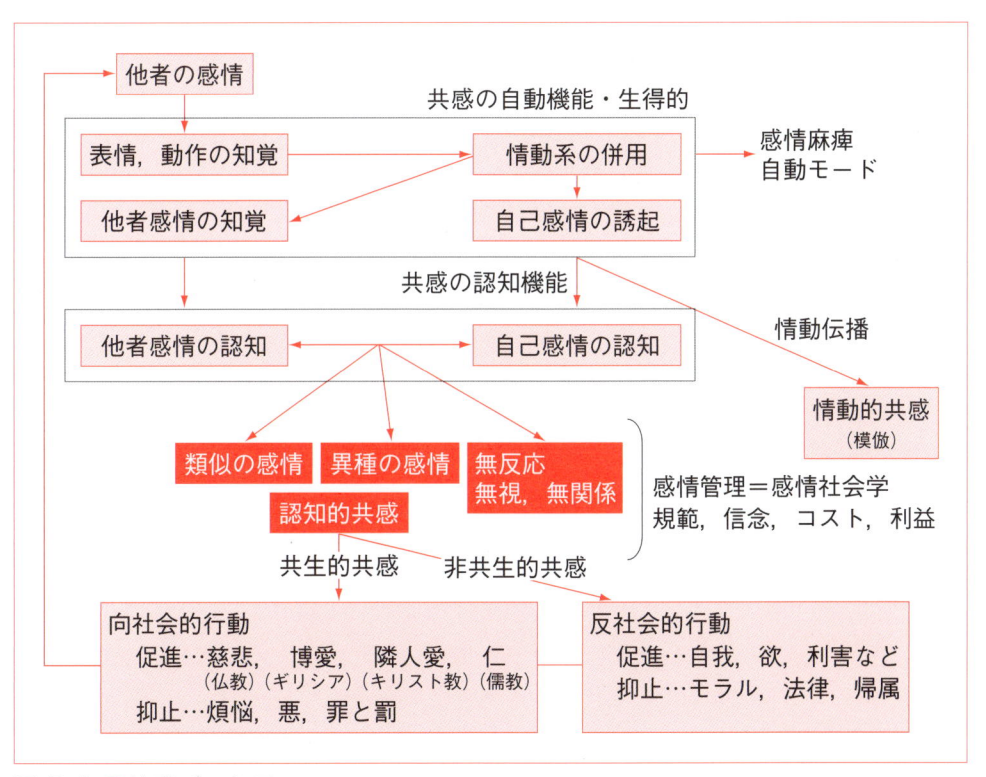

図 5-1 ●共感プロセス

起され，親密さを増すなどの効果が期待される。

　他者の苦しみに対して援助やケアしようとする感情は，他者の感情と類似の感情が自己の中に喚起され，それを減弱させようとして向社会的行動が起こる。悲しみや苦しみに対する共感や喜びに対する共感などは，日常生活で頻繁に出くわし，大災害のとき，被災者に対する恐怖の共感もまた共有することができる。

　これらの共感は，他者との類似の感情が現れているという通常の共感に関する議論であるが，必ずしも類似の感情があらゆる場合に起こるとは限らない。例えば相手の喜びに対して，嫉妬（jealousy）や悪意のある妬み（malicious envy），極端な場合には憎しみなどの状況適合的でない不合理な感情を引き起こすことがある。友達がスポーツ競技で優勝したときや校内テストで1位になったとき，また友人が自分より早く昇進したとき，ある人は手を取り合って喜び，その栄誉を分かち合うことができるが，ライバルであれば，心の中で，うらやましさ，または妬みを抱くこともあるのではなかろうか。または自分には関係ない，住む世界が違う，自分と相手は違うとして相手の喜びを無視する人もいるであろう。極端な場合には，他者の喜びが憎しみとなるかもしれない。

　別の場合には，他者の恐怖を喜ぶ人や，他者の悲しみや苦しみ，不幸を喜ぶ人がいるかもしれない。これらは，対象者が有する感情と異なる感情の喚起であり，一部，他者の不幸を喜ぶというシャーデンフロイデ（Shardenfreide）として心理学では知られている[6]。また犯罪において，犯人に対して同情が起こり，極端な場合には犯人との共感も起こりうる。ストックホルム症候群では，銀行強盗に長時間拘禁された被害者が犯人に同情し，犯人に有利な証言をすることも知られている。こ

他者と類似する共感行動，敵対する共感行動
他者の苦しみに対して援助やケアしようとする感情は，他者の感情と類似の感情が自己の中に喚起され，それを減弱させようとして向社会的行動が起こる。しかし必ずしも類似の感情があらゆる場合に起こるとは限らない。相手の喜びに対して，嫉妬や悪意のある妬み，極端な場合には憎しみなどの状況適合的でない不合理な感情を引き起こすことがある。

の異種の不合理な感情の喚起は，広い意味での他人の心を知った上での反応で，その意味で共感と同一機能となる。多くの場合，この異種の感情は反社会的行動や，飲酒，喫煙のような逃避の非社会的行動につながることが多い。

　心理学実験として，知らない他者にどこまで苦痛を与えることができるかという研究がある[7]。実験参加者は，研究者から別室にいる学習者に暗記問題を間違えるたびに苦痛である電気ショックを加えるように指示される。別室にいる学習者は実験協力者・サクラで，実際には電気ショックは与えられないが，電気ショックの強さの表示に従って苦痛の叫び声の演技をするよう指示されている。実験参加者は，サクラの苦痛の叫び声を聞きながら，どこまで苦痛である電気ショックを罰として他者に加えることができるかを調べる研究である。当然のことながら一部の実験参加者は，他人の苦しみに耐えきれず途中で続行を放棄したが，半数以上の人（26/40）は，研究者の命令に従がって，サクラが苦しみもがいているにもかかわらず，電気ショックが実験の最高値になるまで続行した。このことは，人間の特性として特殊状況下では，他者にどこまでも苦しみを与えることができるという共感の限界を示している。

　またわれわれは，共感プロセスの神経回路を意識的にも無意識的にも制御し遮断する能力も持っている。頻繁に他人が苦しんでいるのに遭遇したとき，そのようなネガティブな感情に麻痺し，無視することや，自動操縦モード[8]になって事務的かつ機械的に対処することがある。さらに他者の感情までは知ることができるが，最終的には自分にとって無関係とか無反応として処理される

ことが起こっている。これらは，共感抑制（inhibition）や共感遮断（deprivation），共感疲労（fatigue）ということができる。職場での繰り返しの感情の過多の曝露は，慣れを生じ，自動操縦モードになったり，感じることの放棄が，無意識的に他人に対するいたわりを少なくしている。世界中の不幸な出来事，戦争や災害などの映像の氾濫は，当事者の表情を通して，彼らがどのような状態にあるかは理解されるが，生活の中でのそれに対する現実的対処となると無視や無関心が多くを占め，日常性の中に情報が埋没するのが常である。多忙によるストレスや疲労，精神的いらだちもまた同じように無反応を生じ，共感の減弱を起こしている。自己の自然な感情発生に対して，相手の立場に立つということの難しさを示している。愛の反対は無関心ともいわれている[9]

2. 共感の強化

第4章で共感の発生の進化論的根拠について，集団形成の必要条件から説明した。ヒトが集団を作り，複雑な人間関係を形成し，その中で生きていくためには，天文学的な数の組み合わせの人間関係を配慮し行動方略を決定しなければならない。配慮とは，自分を中心とした人間関係，および第三者同士の人間関係に関与している他者の心を推測し行動を予測することであり，これには進化的に備わった共感能力が不可欠である。

しかし集団の必要性から，なぜ共感能力が進化的に生き残ったのか，もう少し社会科学に根ざした理由，特に集団の中で，どのような特性が，共感能力を進化させ強化させてきたのかを考える必要がある。ここでは，共感を形成する原動力と共感形成を妨げる力のいくつかの例について議論する。しかしこれら2つの力は両刃の剣

共感の抑制

われわれは，共感プロセスの神経回路を意識的に制御し遮断する能力も持っている。頻繁に他人が苦しんでいるのに遭遇したとき，無視することや，自動操縦モードになって事務的かつ機械的に対処し，無意識的に他人に対するいたわりを少なくしている。最終的には自分にとって無関係とか無反応として処理されることも起こっている。

で，どちらにでも反転することは最初に述べておかなければならない。

1）平　等

人間が本来的に平等であるか，不平等であるかは，哲学の問題であり，科学的に証明することは不可能でどちらの結論を導き出しても他方から非難される。

ルソー（Rousseau）は，人間は，本来，平等だとして，不平等の問題を指摘した[10]。ヒトがアフリカのサバンナに二足で立ったとき，おそらく採集と狩猟生活が基本であり，そこでは共同での獲物の狩りや猛獣からの防御が必須であった。ヒトは，他の肉食獣と比べて走るのも遅く，力も弱く，単独で狩りを行うことは難しい。ヒトは，それを道具と知恵でカバーし，また家族単位，少し大きくなって血縁単位の集団の強い連帯という知恵で対処しなければ生き残ることができなかった[11]。そこでは，狩りでの役割や危険の負担度，性の役割などを考慮した食糧の分配の平等性が担保され，それが数百万年にわたって維持され，ヒトの基本的性質となった。

それが1万年ほど前から定住し農耕が始まるにつれて，余剰生産物の保存，それに伴う私的所有が起こり，それに関連する不平等が発生してきた[12]。人は，この富をめぐって恨みや妬みを持つために，さまざまな戦争が起こり，時に集団は絶滅に追いやられた。不平等が極端になってくると，人は本来平等であることを思い起こし，富の社会的分配制度が作られ，極端な不平等は避けられるようになった。これらは「自由・平等・博愛」の精神に強い影響を与え，人に責任と義務があるとの意識が生まれて，それが今日の世界政治の原点となり，また基本的人権の原則になっている

一方，動物行動の生態学からは，逆の不平等の原則か

ら出発し，同じ結論である平等にたどり着いた。この場合の平等とは，個体間ではなく群れ間の平等である。

　進化論は，生物が厳しい環境の中で，いかに適応して生き残っていくかの原則であり，常に不平等を中に含んでいる。地球は，すべての動物に，環境的快や食糧的満足を与えるほど豊かではなく，種は，厳しい環境の中で生き残るために，独自の遺伝子変異を通して適応性を獲得していった。それは歴然とした他の種との差別化であった。しかしある動物は，群れを作って生き残るというメリットを見つけ，地球上の哺乳類の多くは群れを営んでいる。複数の個体が共に生き残るためには，そこにある種の社会的しくみが用意されなければならない。その社会的しくみの一つは，母系，または父系の階層社会で，力が支配する社会である。群れを構成するメリットはデメリットより大きく[13]，それが少なくとも霊長類初期の何千万年間続いてきた。性や年齢による力の差はその中に包含され，ヒトが文明を持つまで続いてきた。群れを維持するためには，群れ内の不平等は持続され，今日の動物の階級社会を形成している。特に群れと群れとの対立には厳しいものがあり，群れを維持するためには，群れ内での平等の選択はありえなかった。しかし群れと群れの対立の中には，共存共栄があり，食糧事情が許す限り，テリトリーの住み分けがあり，ヒトと異なり無限の欲求は生じてこなかった。集団の規模や集団力に差があるとしても，地球上の資源の有限性から，他集団との間の限定された平等は種の維持に不可欠であった。

　ここで問題は，不平等から平等への人の特性の基盤は何かということである。他者の心を読む能力である共感はこの特性の大きな要因になっている。人は，不平等に耐え切れない動物であり，常に平等を目指す動物である。不平等を形づくる能力の基本は，欲望と報酬性であ

共感と不平等
人は，不平等に耐えきれない動物であり，常に平等を目指す動物である。不平等を形づくる基本は，欲望と報酬性である。不平等は，痛みを伴い，他者からの妬みや恨みを受け，争いの元凶になる。そこに他者の痛みや苦しみを感じ，それを減弱させようとするように人に共感が備わった。

り，これはおそらく人間が地球上に現れたときからすでに獲得していた能力であった[14]。不平等は，痛みを伴い，他者からの妬みや恨みを受け，争いの元凶となる。そこに他者の痛みや苦しみを感じ，それを減弱させようとするように人に共感が備わった。

ニホンザルは，階層を基本とする社会を構成しているが，ボノボ（ピグミーチンパンジー）は概して平等社会を営んでいる[15]。平等を営むためには，それを維持するしくみが必要で，毛づくろい，性の平等，食糧の豊かさなどが平等を保障している。文化人類学が示す集団の中での人びとの平等性は，根底に平等を保つための努力が隠されているという[16]。怪我による障害や病気などは，避けることのできない誰にでも起こることであり，そこに，いたわりや慰め，協力の芽生えがある。共感はその基礎であり，それを担保することによって群れは大きくなってきた。

しかしここに平等といっても，生産性と個人の能力によって考え方に大きな差が出てくる。現在のように格差社会が拡大していく中で，常に議論になるのは，機会の平等か結果の平等かの問題である[17]。グローバル化社会の中での日本は，結果の平等を志向したにもかかわらず，経済格差は拡大し，貧富の差が拡大してきている。機会の平等を強調すると，人間が持つ才能や能力を無視しがちになる。人間には，能力において差があるのは当然としても，その差が，家庭環境や教育によって拡大，助長され，固定化されていくことには問題がある。この二つの平等が，共感の社会的機能に微妙に作用し，一般に結果の平等は共感の働きを抑制する方向に働く。

このような格差社会でも，寄付行為やボランティアの社会的是認，社会保障の整備がされていれば[18]，あらゆ

る格差社会における共感の抑制に対する補償作用が期待できる。

2) 一体感

「心をひとつにして目標を達成することができました」。このような言葉がスポーツ競技や会社などでよく使われている。この「心をひとつにする」という言葉の中に，仲間や同僚の心を開放し，それを共有するプロセスが含まれている。この共有と相互理解なくしてチームの統一は保てず，勝利にほど遠いといわざるをえない。それに伴う団結力や一体感，連帯感は，個人では達成できない力を生み出し，古来戦争ではこの団結力が鼓吹されてきた。

職場でのチームワークは，相手の気持ちを察し，奮起なくしては達成できないものである。学校での運動会のクラス対抗などはこれを有効に利用したものである。また複数が関与する技芸では，この一体化は芸術表現にとって本質である。共感は，団結力を強化し，団結力がさらに相互理解を促し，集団が生き延びる確率を高めてきた。集団を形成するためには，構成員の相互関係の把握と理解，信頼と相互コミュニケーションが不可欠であり，その能力の基本がマインド・リーディングで，共感の基礎を形成している。その究極の形態が恋愛で，恋愛は共感が最も強く作用し実感できる最高の場である。

しかしこの一体感も，考えの一致する，または目標が一致する仲間との間では有効であるが，組織の中に必ずといっていいほど存在する意見の異なった個人に対しては，異種の感情を誘発し，団結力の反作用を引き起こす。また利己主義や独善，専制などもまた団結力を弱めるものである。そこに集団からの排除や差別が起こり悲惨な結果を生むことがある。

「心をひとつにする」チームワークと共感

共感は，団結力を強化し，団結力がさらに相互理解を促し，集団が生き延びる確率を高めている。集団を形成するためには，構成員の相互関係の把握と理解，信頼と相互コミュニケーションが不可欠であり，その能力の基本がマインド・リーディングで，共感の基礎を形成している。

3. 共感の喪失

　これまで，どのような因子が共感を強化しているかに重点を置いて議論を進めてきた。共感を強化していくためには意識的な努力が必要なようである。しかし世界を眺めれば，悲惨な事件や戦争はとどまるところなく続いている。むしろ情報化や科学技術の進歩，グローバル化により，戦争は世界的に拡大している気配さえある。過去100年の歴史を見ても，第一次世界大戦，第二次世界大戦を経験して，その反省の上に世界連合という組織を作り，世界は恒久平和を誓ったにもかかわらず，さまざまな地域で繰り返された大量虐殺を世界は止められないでいる。

　そこには，異文化間の，異民族間の，異人種間の人びととの越えることのできない共感の断絶が起こっている。一個人として有している共感が，集団になるとまったく機能しなくなるということは，共感の持つ重大な限界である。ナチスドイツの一将官は家庭では良い父親であったが，職業的には冷酷にも多数のユダヤ人を死に追いやる決定を下していた。生物として有している共感機能と，共存を維持発展させる共感機能の間に齟齬がありそうである。

1）傲慢さ

　デカルトはすでに憐れみの限界について議論している[19]。その中で，「まったく憐れみを感じえない者は，すべての人間に対して生来憎しみを持ち，悪意と妬みに満ちている人びと，あるいはまた非常に無感覚であり，かつ善い運によって盲目にされているか，悪しき運によって絶望させられているために，いかなる悪ももはや自分には起こりえないと考えている人びと」であると，当時

にもおそらく非道な人びとが存在し，誰の助けも得られない苦しみがあったに違いない。また高邁な人びとが持つ憐れみもまた今日でいう共感とは少し異なる。「最も高邁で最も強い精神を持つ人びと，したがって自分に関してはいかなる悪を受けることも心配せず，偶然の運の支配を超えて出てくる」人びとは，「誰に対しても善意を持つことが，高邁の心の一部である」と考え，同情を示す。そこに自信に満ちた傲慢さを持つ人びとの影を見ることができる。

2）比　較

多様な意味を持つ共感の反対語を探すことは非常に難しい。上で述べた傲慢さもその一つであるが，ヒューム（Hume）は，共感の反対は「比較」であるといっている[20]。比較とは，単純に自己と他者を比べ，そこに優劣の感情を抱くことである。例をあげればきりがないが，貧富の差はその最たるものである。持てる者は持てない者を軽蔑し，持てない者は持てる者に嫉妬や妬みを感じ，階層間の差別と断絶を招く。そこに真の苦しみの交流は存在せず，意識の断絶は，貧者には現状を打破するための闘争が，富者には富と地位，権限の自己防衛が起こり，格差はますます助長されていく。両者の間に共通の場がなければ，組織の弱体化を招くことになる。

この解決策として，時に社会は，文明の多様性における敵意と拒否を通して外部に敵を作り，共同体の連帯と一体化を保とうとすることがあったが，そのような行為は広く世界を眺めた場合，ますます共生や共存からは離れていくことを示している。

比較と共感の関係での難しい現実的問題は，一般社会で普通に存在する身分の差や職場での序列における共感の現象である。上に立つ人は往々にして部下の苦しみを

共感の反対

共感の反対は「比較」である。比較とは，単純に自己と他者を比べ，そこに優劣の感情を抱くことである。人は，比較から差別への弊害に対して，知性としての協力や信頼の機能を身につけてきた。人の独善性と排他性に対して，共感は共生への志向を提供する唯一の機能である。

見て見ないふりをし，理解しないように，無視しようとする傾向がある。そうするとそこには組織の亀裂が生じ，職場は冷たい存在となる。部下に責任を押しつける行為がどれだけ部下と共感しているかを問うたとき，共感という言葉の持つ限界がある。社会全般において力や役割の非対称性がある中で共感がどのように現実に働いているかは大きな問題である。

この比較という人間が持つ機能は，残念ながら個体が生存を保障するための必須のものである。生存競争や配偶者を獲得する競争は，まさしく競争であり比較原理が働いている。したがって基本情動のレベルでは共感機能が必ずしも必要でないと第4章で議論した。しかし人間は，比較から差別への弊害に対して，知性としての協力や信頼の機能もまた身につけてきた。また諦めという諦念感も発見し，自己抑制という制御法も見つけてきた[21]。さらに比較の中に潜む結果主義に対して，努力などの目標達成のプロセスに価値があることも見つけてきた[22]。人間の独善性と排他性に対して，共感は共生への志向を提供する唯一の機能である。

3）恐怖・怒り・パニック

共感の真価が問われてくるのは，日常ではまれにしか起こらない火急の危機やパニックが起こった場合である。例えば歴史が示すところの人間の行動は，権力者からもたらされる死という恐怖の前に，多くの沈黙と，裏切りとわずかの殉死，そして笑いで不安を軽減しようとする救いであった[23]。共感は，その沈黙の中に隠れて運命のときを待つ人びとの中にあったが，過去ではわずかに宗教がその役割の一部を担っていた。

しかし生存という基本的欲求が満たされない貧困，持てる者と持たない者の格差，多くの人の無関心などが，

ある種の共感機能の喪失を起こしている。これから先，地球規模の資源の有限性が社会的パニックの可能性を増していっている。先の見えない希望の持てない社会では，貧困は人間性と理性を蝕んでいく[17]。その怒りと不安，恐怖が社会一般に向けられたとき，無差別な暴力が発生する。社会が未来の見えない希望のない社会として若者に映ったとき，無差別殺人が起こることは証明済みである。そこには被害者への配慮や共感は微塵もない。

安全に対する危惧もまた共感を削ぐものである。安全が脅かされたとき，多くの人はパニックに陥り判断機能の喪失を起こす。自分の身を守ることは本能であり，とっさの防御や反撃は脳の深いところから反射的に起こってくる。国家が侵略または攻められるという安全に対する恐怖の前には，これまで獲得してきた自由を簡単に手放し，理性を無力化し，逆の意味での一体感が国民の間に広がる。狂気もまた共有され，狂気の伝播は急速に広がる。その感情状態は，共感に影響し，他国への共感は省みられず，排除が主役を占め，戦争が閉塞感の解決策となる国民的視野狭窄に陥るのは歴史の示すところである[3]。

戦争心理学の示すところによれば，生死にかかわる兵士や警察官などが死の恐怖に立ち向かって行動しなければならないとき，周辺視野の喪失，認知処理能力の低下，選択的聴覚抑制などの感覚異常が報告されている[24)-26]。これらは何も戦争だけに限らず，ストレスが多い日常生活では，ネガティブな感情に囚われた認知のネガティブ・バイアスとしてよく現れるところである。怒り，恐怖，いらだちのとき，平静な態度を示すような異なる二重の感情の共有は生理学的に不可能である。その中では決して相手に対する共感は取り上げられず，断絶による恐怖と憎しみだけが強化され，時に虐待を起こ

し悲惨な結果になることがある。

　逆にこれらは，集団内部では，状況によって共感的怒りや共感的恐怖となり，歴史の原動力として強い動機づけになっていることも事実である。そこに「われら-かれら」をどのように捉えるかの視点がある[27]。

4）情報化

　進化論の中で予期できなかったことは，人間が自然の環境を改変し，新たな人工的環境を作り出してきたことである。その中の一つがコミュニケーションの変化である。これまで人と人が直接会ってコミュニケーションを可能にしていたものが，旅による使者の派遣，手紙による伝達，電話，テレビと，技術の進歩に伴って遠隔性と迅速性の伝達方法が変わっていった。そして現在は，コンピュータの進歩によるインターネットや携帯電話による情報伝達が限りなく増え，利用の時間帯や場所性の撤廃，情報量の無制限化といった利便性は格段によくなっていっている。

　他方にはそれに伴う負の面も現れてくる。特にインターネットによる匿名性，感情コミュニケーションの脆弱化や間接化が共感の喪失を招いている危惧がある。

　インターネットの世界での掲示板や大量の映像情報の垂れ流しは，情報が持つ内容や意味合いを減弱させ，事故や事件の悲惨さに対する感情移入を麻痺させ，共感麻痺や共感断絶を起こしている。本来，事件や事故が持つ感情成分は当事者において最大であるが，それを伝える一回性や希少性でその影響は最大であった。しかしあまりにも多くの繰り返しは，逆に印象を減少させ，共感を損なってしまう。マスコミの連日の報道の中にそのような効果があり，共感を維持しようとするとしだいに内容が過激になっていく現実がある。

特に問題になってくるのは，インターネットにおける匿名性である。誰がその記事の内容を書いたのか不明確な世界において，中傷や事実の歪曲など，無責任な情報の垂れ流しが行われている。その情報が独り歩きし興味本位で日本中を駆けめぐるとき，本来訴えたい感情成分の変容が起こり，恐ろしいことだと訴えることが，ある特定の人物や組織の非難や中傷になってくることなどはその典型である。

　情報伝達において，感情コミュニケーションの占める割合は非常に大きい。人と人が会って会議をするのは，文字情報だけでは伝えられない感情の成分が意思決定に大きく影響することを経験的に知っているからである。そのために昔は時間と危険をかけて人と人が会って会話をし，直接，目を見ながら進めることで心の温もりを伝え，国と国の交渉が続けられ，戦争が回避されてきた。

　しかし携帯電話によるメールやテレビ会議はどうであろうか。人は自分の真実の感情を伝達しようと，繰り返し文章や絵文字などの工夫を凝らしているが，それには限界がある。感情の微妙な変化や内容を文字にすることは非常に難しく，また顔が見えない相手の感情を予測することは難しく，そこに共感喚起や感情の共有の脆弱さが起こってくる。

　携帯電話を持つことが当たり前になった情報化社会で成長してきた若者たちの感情表現と感情伝達には未熟さが見られているとの指摘は多い。感情が正確に伝えられない，周りの雰囲気が読めないと，また相手の感情が共有できないと人間関係はぎくしゃくしたものになっていく。情報伝達の多様化の中で，感情コミュニケーションの多様化が追いつけず，連動していないところに問題がある。

感情コミュニケーションの重要性
人と人が会って会議をするのは，文字情報だけでは伝えられない感情の成分が意思決定に大きく影響するからである。そのために時間と危険をかけて人と人が会って会話をし，直接，目を見ながら進めることで心の温もりを伝え，人との争いが回避されてきた。

5）自　由

　自由がなぜ共感と関係しているかを考えるのがこの項の主題である。自由とは何かについてここで答えることは主題の範囲を超え，哲学にその責を譲ることとして，現在の社会で起こっている自由の捉え方の中に，世界のあらゆる人間との間の共感を妨げる要素がある点について考えたい[28]。

　自由は，われわれが生きていく上での基本的人権として多くの国で認められている。思想，宗教，学問，職業，住居の自由と数え上げれば切りがない自由があり，これらはすべて人間が，歴史の中で，先人の多くの命の代償によって勝ち取ってきた権利である。

　しかしここで考える自由は，競争原理による経済的自由，グローバル化社会における自由の問題である。先進諸国における経済的富は幸福と豊かさを創出している。生活における豊かさは人間すべてが求める欲望であるが，それが資本＝お金に結びつき，豊かさにおける自由とは，お金を稼ぐ自由であり，そこに無秩序な競争社会，序列社会，格差社会がある。豊かさの中には，名誉とセックスも含まれ，日本を含む西洋文明社会は混沌の中に展開されている[29]。

　空洞化した産業社会では，生産よりもマネーゲームといわれる労働を伴わない富の集積や移動が起こっている。そこに拝金主義がはびこり，数千年かけて育ててきた人間社会のモラルは有効性を失い，無制限の個人の利益が優先され，強欲だけが浮かび上がってくる。強欲に囚われた社会はその質を変え，繰り返し歴史の中で現れてきている。その利己的かつ自己中心的な自己実現の欲望の中に，他者に対する想像力の衰退，ひいては共感の阻害や，他人への共感的配慮の減弱という共感の持ちにくい社会が見られている。それが，豊かな社会ではお金

があれば他人に頼らず一人でも生きていけるという錯覚を生じ，これまで身内として見てきた家族や血縁関係の絆が切れていく現実がある。

　格差社会における差別意識の助長は，多元的社会を構成する上では危険な兆候である。歴史は，差別社会を乗り越えようとして平等の権利を成長させてきたが，自由という価値の自明化の前に後退を余儀なくされている。少年によるホームレスの人びとへの襲撃や，無差別殺戮の増加，非正規労働者の固定化の是認，ひいては身分や地位の流動化の喪失など，社会的弱者に対して新たな差別化が動きはじめ，共感の対象の限定化，さらには共感の断絶が起こってきている危惧を見る。社会的富は協調性や流動性を失い，貧困は他者への配慮というゆとりを無くして虐待を通した共感の停止が起こる。これらがさらに世界的に起こり，低開発国の固定化や差別化がグローバル化という旗の下で進行している。そこでは悲しみの感受性は抑えられ，怒りの表現が多くなり，共感が持ちにくい社会が作られ，感情としては，妬みや嫉妬，復讐が世代を超えて，国境を越えて広がっている。

6) 感情管理

　人間の支配の歴史は，当然のことながら集団を構成するという動物の特性から起こってきた。最初は，身体的制限で支配するという形態をとり，後に政治体制が確立するに従って，思想もまた管理の対象となった。思想は目に見えないものであるが，それが言葉や行動として現れたとき，身体的制約を伴った形として管理されるものとなった。エジプトでは，王は太陽神の現人神(あらひとがみ)としてあがめられ，民衆は祭祀を営む中で大部分の生活時間と身体の提供を求められた。

　産業革命以降，民衆は，労働者として身体制限を伴う

生活時間を切り売りして生活の糧を得ていた。しかしその間，労働者は何を考え，何を感じるかの思想的自由はあった。管理者は，労働を通して生産が規定どおり実行されれば，労働者の思想はあまり問わなかった。その基本精神が，憲法で保障された思想と宗教の自由であり，多くの国で保障されている。

しかし身体的拘束が人間の考え方に影響を及ぼすことは，生理学や社会学の視点からも指摘される。生理学的視点では，身体的ストレスが大きくなれば，積極的な生活態度が減弱し，従属的な考えが主流を占めてくるようになる。労働者は，心的ストレスを減少させようとして，自分の考えを会社の方針に合わせ，結果として，人は会社人間に変質していく。しかし表面上は，自己の主体性によって変容したのであり，会社が強要したことではないとして思想の自由は侵されていないとしている。

感情社会学は，これまでの社会学の労働管理，時間管理，生産管理，人員管理などの生産における労働者の身体的かつ物理的管理の問題から，労働者の感情管理の社会現象に焦点を当てた学問である[30)-32)]。会社にとって重要なのは，労働者の内面性ではなく，お客と接する外面に現れた態度だけで，労働者の感情表出もまた商品となり，会社はその感情表現に代価を払っている。労働者が何を考え感じようが会社にとって関係がなく，マニュアルどおりに，お客と笑顔で接してサービスを提供してくれればよいのであって，それがサービス，介護・福祉，医療などの分野では重要であることを主張する。親切や誠意，笑顔などは不特定の人を対象とすることができ，これらは，肉体労働や精神労働ではなく感情労働である。感情労働とは，「相手に共感し，相手を受容し，相手の願望の実現を意向とする過程でなされる労働」で，現代のサービス産業の多くにおいてこの感情労働が求め

感情労働と感情規制
感情労働とは，「相手に共感し，相手を受容し，相手の願望の実現を意向とする過程でなされる労働」で，「感情労働を行う人は自分の感情を誘発したり抑圧したりしながら，相手の中に適切な精神状態——この場合は，懇親的で安全な場所でもてなしを受けているという感覚——を作り出すために，自分の外見を維持しなければならない」。

られている。そして「感情労働を行う人は自分の感情を誘発したり抑圧したりしながら、相手の中に適切な精神状態――この場合は、懇親的で安全な場所でもてなしを受けているという感覚――を作り出すために、自分の外見を維持しなければならない」[30]。感情は強制されるものではなく自然に出てくるものとされるが、サービス産業の現場では、まさしく感情自体に価値があり、それに代価が支払われて感情の切り売りが行われている。

　それぞれのサービス部門にはある決まった感情規則がある。お客には、優しく親切に、常に笑顔で、何があっても怒ってはいけない、思いやりを持って接しなさいと。共通しているのは、笑顔であり、丁寧な言葉づかい、挨拶の仕方の決まりなど、お客に不快な印象を与えない規則がマニュアル化されている。それにしたがって、外面上の感情表出は管理され、労働者には感情ワークが求められる。感情ワークとは、自分の意に反して笑顔を作らなければならない労働者の行為である。極端には無私や自己犠牲が求められる。医療の世界では、末期がんの患者に「元気になってね」といわなければならないことや、患者から「何でこんなことをいわれなければならないの」と思ってもいい返すことのできない現実がある。時には体の調子が悪いかもしれないし、前の日に恋人と別れたかもしれない。それでも職場では、不愉快なお客に笑顔を振りまわさなければならないとしたら、どのように労働者は感じるであろうか。残念ながら、われわれは複数の感情を同時に持つことはできないし、身体が複数の感情を同時に表現することはできない。

　ホックシールド（Hocshield）は表層演技と深層演技に分けて感情ワークの現象を論じている[30]。表層演技とは、「ふりをする」に代表される演技で、本当の自分を隠して表向きの顔でその場を乗り切ることである。労働者

感情規則と感情ワーク

それぞれのサービス部門にはある決まった、お客には、優しく親切に、常に笑顔で、何があっても怒ってはいけない、思いやりを持って接しなさいという感情規則がある。共通しているのは、笑顔であり、丁寧な言葉づかい、挨拶の仕方の決まりなど、お客に不快な印象を与えない規則がマニュアル化されている。それにしたがって、外面上の感情表出は管理され、感情ワークが求められる。

「表層演技」と「深層演技」（ホックシールド）

表層演技とは、「ふりをする」に代表される演技で、本当の自分を隠して表向きの顔でその場を乗り切ることである。深層演技とは、自分の底からこの仕事が好きであると思うように自分自身を変えていくことである。

は，自分の感情をコントロールしながら，相手の中に親切なもてなしを受けているという感覚を作り出さなければならない。深層演技とは，心の底からこの仕事が好きであると思うように変えていくことである。その時間だけ我慢すればよいとか，これが仕事だからといって，役者が舞台の上で役を演じるような一時的な演技は許されず，性格の変容が求められる。個人にとって，仕事にポジティブな点や生きがいが認められ，人生の目的と一致していれば，感情規則から感情ワークまでは合理性を持って受け入れることができる。多くの人は，心からこの仕事は好きだから，私の性格と合っているから，この仕事が楽しいからと何の疑問も持つことなく毎日笑顔を振りまいている。しかしそれがもし単にお金を得るための労働であった場合，感情ワークの深層演技は何をもたらすであろうか。

　長期の感情労働は当然のことながら，感情の捉え方にも影響を及ぼしてくる。「私はしっかりしているから影響されない」とは，身体を有している存在にとって非常に難しく，そこには会社が要求するような人間に自分が自主的に変容していく姿がある。以前は，身体的管理，つまり身体的束縛だけが問題になっていたが，現代は，間接的手段を通して感情までもが制御される時代になってきている。感情を完全に商品化することは難しく，そこでは本当の自分が何であるかの葛藤が起こり，生きがいが見つけられなければ，本当の自分と偽りの自分の完全な切り離しが起こり，二重生活になるか，職場を去るかの選択が強いられる。この偽りの自分に気づくことなく変容していくとしたら，それは感情麻痺的な適応となる。演技上の笑顔と偽りの共感を，四六時中，客に振りまいていれば，何が起こってくるかは自明のように思われる。職業によって「性格が変わった」といわれること

があるが，その前後のどちらが本当の自分であろうか。職場で要求される合理性と援助やサービスの本来性の解離がみられる中，感情管理を技術の問題と見るか自己の人格の問題と見るかが問われている。感情社会学はこの点を鋭く指摘している。と同時に，この問題に対してどのように対処したらよいのかの答えも要求されているが，その点は明らかでない。

第6章 共感特性

　コミュニケーションは，言語的コミュニケーションと非言語的コミュニケーションから成り立っており，受け取る情報の70％以上が非言語的コミュニケーションである[1]。

　非言語的コミュニケーションの主な手段は，視線，表情，動作，そして声の高さや強さ，速さなどのパラ言語である[2]。視線からは相手が何に注意を向けているかがわかり，そこから相手の意図が，動作はコミュニケーションの内容の付加説明としての役割があり，そこから行動のきっかけがわかる。感情コミュニケーションは残り二つの表情とパラ言語に頼っており，言葉を介さない場合は目や口の動きを含めた表情や声の状態が発信源になっている。

　さらに人では触覚や嗅覚も感情伝達に一役買っている。握手などの身体へのタッチングからは相手の親密さや誠実さが相互に表現される。しかし表情と声の変化を伴わないタッチングは嫌悪の対象となる。嗅覚は好き嫌いの判断の材料になっている。

　表情をあまり進化させていない動物では口の開閉と発声から，そして身体ディスプレイで感情コミュニケーションを行っている[3]。さらに下等になると身体の動きと嗅覚の利用が感情コミュニケーションの主役となる。

　共感は，感情コミュニケーションの主たる伝達法の一つで，自分と相手の双方の感情の読み取りと共有があっ

> **感情コミュニケーション**
> 非言語的コミュニケーションの主な手段は，視線，表情，動作，そして声の高さや強さ，速さなどのパラ言語である。その中で感情コミュニケーションは主として表情とパラ言語に頼っており，言葉を介さない場合は目や口の動きを含めた表情や声の状態が発信源になっている。

て初めて成り立つものである。これまで共感の基礎として，共感の分類，共感機能の実体的根拠，共感の発生および多様性について議論してきた。特に第3章では，感情のミラーニューロンがわれわれの共感機能の存在を保証し，すべてのヒトがこの能力を進化の過程で脳の中に獲得してきたことを議論してきた。これらの基礎の上に立って，実際の社会の中で起こっている共感の現象を眺めようとすると，複雑な社会現象の中に埋もれて，その本質が見えにくくなっている。しかし日常生活では，他者の意図や感情を知り，それを共有することは，生きる上で必須で避けられないことである。感情コミュニケーションの中で共感の社会的役割と実態についての考察を進めたのがこの章である。

1. 共感の構成要素

共感の機能分析は，共感の役割を特徴づける手法である。クンユク（Kunyk）は，これまでの看護職の中での共感研究を概観し，共感機能を，人間特性としての共感，専門としての共感，コミュニケーション・プロセスとしての共感，ケアとしての共感，関係性としての共感の5つに分類している[4]。

人間特性としての共感は，生物学的に特徴づけられる性質を示すもので，共感は本能的，自動的，無意識的に生じて相手の感情を読み取る能力であるとする。特性共感や並行的共感，本書における情動的共感という言葉がこれに相当する（**表3-1**）。共感の生後発達の議論もこの中に含まれる[5]。

専門としての共感は，看護者を含む医療職者における共感の働きについての指摘であり，共感能力が学習や訓

> **共感機能の5つの分類（クンユク）**
> 共感機能を，人間特性としての共感，専門としての共感，コミュニケーション・プロセスとしての共感，ケアとしての共感，関係性としての共感の5つに分類している。

練によって深めることができるのかという問題を含んでいる。若い人たちが，看護師やコ・メディカル，介護・福祉の専門職を目指そうとした場合に，援助の根底をなす共感能力の育成は教育の大きな目的になっている[6]。共感能力は教育によって強化することができるのか，できるとすればどの部分が強化でき，その方策はどのようなものであるかの問題を含んでいる。

コミュニケーション・プロセスとしての共感に関する中心課題は，看護者-患者関係の中での感情交流の問題である。共感は当然のことながら一人では成立せず，必ず相手を必要とする。相手がいれば，そこに感情の相互交流が生じるはずで，ベレット・レナード（Berrett-Lennard）の相互交流モデルが知られている[7]。患者を前にして，第一ステップは患者の感情表出であり，第二ステップは援助者のそれに対する共感的共鳴，第三ステップはそれに対する援助者の共感表出である。そして最後がその共感表出に対する患者の受け取り方の表出である。実際の現場ではこの繰り返しが起こり，共感の現象論的把握はその4ステップの繰り返しの把握となる。またオルソン（Olson）は，共感コミュニケーションを，看護師の知覚，共感表現，患者の共感受容の3段階と捉えている[8]。

ケアとしての共感は，看護職の医学的な介入と患者の苦しみの緩和への直接的な介入という行為の中で起こるものとして捉えられている。共感をケアと同一のものとして捉え，医療的ケアの対象としての患者との関係に重きをおいている。ケアは正義と援助の目に見える具体的現象で，ケアが共感機能と同じであると考えている。

関係性としての共感は，終末期医療の分野で指摘されているもので，死にゆく人と医療職者との関係の中で，生存を前提とした医療ではなく，人間の一生を終えるの

ベレット・レナードの相互交流モデル
患者を前にして，第一ステップは患者の感情表出であり，第二ステップは援助者のそれに対する共感的共鳴，第三ステップはそれに対する援助者の共感表出である。そして最後がその共感表出に対する患者の受け取り方の表出である。実際の現場ではこの繰り返しが起こっている。

を迎える現場での感情コミュニケーションとして共感を捉えている。グリーフケア（grief care）やターミナルケア（terminal care）では，死にゆく人の究極の不安に対する癒し，さらには人として生きてきた証とは何かなどのスピリチュアルな（spiritual）視点からの対応が求められる。そこには単なる回復可能な苦しみに対する共感とは異なった全人的な精神全体を含めた思いの受け止めが必要となる。

応用研究として看護の分野では，伊藤は，患者-看護者関係における共感機能の研究のレヴューを試み，臨床面での共感の構造化の必要性と患者に焦点を当てた共感研究の必要性を指摘している[9]。そして看護学生の共感能力の向上が，年次進行と共に一定していないことや共感教育の難しさを指摘している。

共感構造の研究は，共感がどのような下位概念や因子から成り立っているかを分析し，その特性を明らかにすることである。首藤は，共感を状態共感と特性共感に分け，状態共感を一時的な情動反応としての共感，特性共感を性格特性としての共感と捉えている[10]。これはあたかも不安を，現在の状態としての状態不安と，性格としての特性不安に分けて捉える考え方と同じである[11]。また筆者は，共感の役割から共生的共感と非共生的共感に区分している[12]。その他，表3-1に示されたように，並行的共感と応答的共感[13]，資質的共感と場面的共感[14]などが提案されている。

これらの概念枠組みの結果として，共感を評価する測定法の開発がある。その一つとして共感尺度は欧米を含めて約10種類が開発されている[15]。日本では，多次元共感尺度[16)17]，情動的共感性尺度[18]，共感経験尺度[19]が

よく用いられている。多次元共感尺度は，視点取得，空想，個人的苦悩，共感的配慮の4つの下位概念から成り立っている[17]。視点取得は他者の立場に立って物事を考えようとする程度で，空想は小説・映画など架空の世界への同一視や架空の状況に自分を移しこむ程度，個人的苦悩は他者の苦悩に反応して自分の中に苦悩や不快を経験する程度，共感的配慮は他者を思いやり，同情や配慮する程度を測る下位概念である。これらから共感のプロセスの中に，他者の存在の認知，他者の立場に立つ能力，他者の考えや感情を知る能力，自己の想像力，そして自己の向社会的態度などが含まれていることがわかる。情動的共感性尺度は，共感の認知よりも情動面を中心に，感情的暖かさと感情的冷淡さ，感情的被影響性の3因子から成り立っている。共感経験尺度は，共有経験と共有不全経験の2つの下位概念から成り立ち，自分とは異なる存在である他者の感情体験の区別をはっきりさせることを主体としている。さらに共感を単に感情能力の一面として捉え，感情の知能指数（EQ）の下位概念として捉えている場合がある[20)21)]。

その他，共感能力を評価する方法として記述式の場面設定法を用いることがある[22]。ある特定の場面を設定し，被験者がどのような行動をとるかを答えさせるもので，より実際の場面に近い共感能力が評価できる。例えば患者が，「胃潰瘍といわれ入院したのだけれども，胃がんかもしれない。先生に聞こうにもすぐに逃げられてしまう」という訴えの場面に対して，あなたはどう答えるかというような調査である[23]。この方法は多次元共感尺度の調査と比較すると，共感と高い相関があることが示されている。しかしこれら共通の問題として，すべてが自己記入式の調査であることの限界が指摘されている[24]。これらの問題を解決する方法として，表情や声の

共感を評価する尺度
わが国では，以下の3つの尺度がよく用いられている。
①多次元共感尺度は，視点取得，空想，個人的苦悩，共感的配慮の4つの下位概念から成り立っている。
②情動的共感性尺度は，共感の認知よりも情動面を中心に，感情的暖かさと感情的冷淡さ，感情的被影響性の3因子から成り立っている。
③共感経験尺度は，共有経験と共有不全経験の2つの下位概念から成り立っている。

調子などの観察を主にした測定法や生理学的測定を併用した方法が使われている[25]。

2. 第一の共感，第二の共感

これまでの共感の議論は，痛みや苦しみを発する者など援助を求める者がいて，それを受け止める人における共感の受容のメカニズムについてであった。そして援助提供者の援助受容者に対する対処が援助であれば向社会的行動であり，その一つとしての共感的配慮があった。

しかしこれらのプロセスを詳細に眺めると，ここに援助受容者側の援助提供者からのフィードバック，つまり援助者の感情表出や対処行動，または共感的配慮に対する援助受容者の受け取り方の議論が欠けていた。感情コミュニケーションとしての共感は，一方通行ではなく困っている人などの援助受容者と援助者との相互の交流があって初めて機能するものである（図6-1）。

例をあげれば，医療の現場での共感プロセスにおいて，発信者である患者も援助者を同様に観察しており，

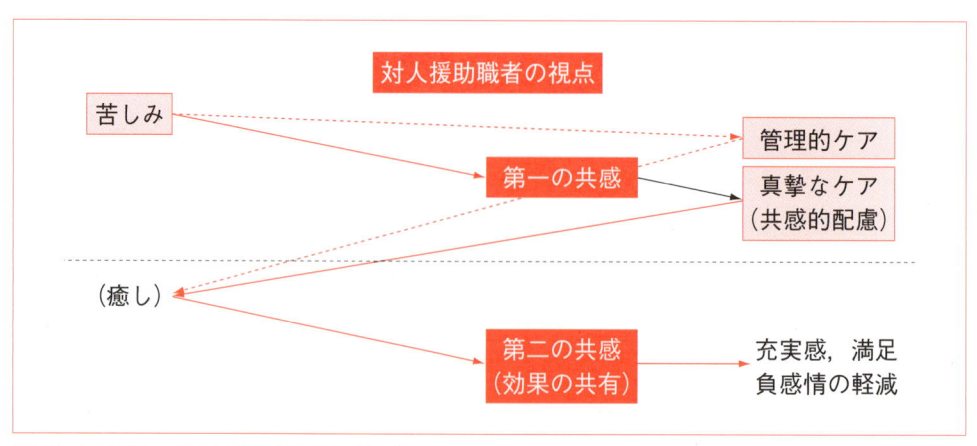

図6-1 ●第一の共感と第二の共感

援助者の対処を，視線の動き，表情，しぐさや声の調子などを通して理解し，またこれらを通して援助者の意図や感情を眺めている。つまり感情コミュニケーションの中で，相手を見つめている自分と同時に，相手から見つめられている自分がいることを忘れてはならない。患者は，医師や看護師などの援助者が共感し，本当に自分のことをいたわっているのか，単に上辺だけのふるまいなのか，自分を怖がったり嫌がったりしているのではないか，私だけ差別されているのではないか，何も考えず義務的かつ表面的に丁寧にふるまっているのかを鋭く見極めている。援助者の真摯な共感的配慮によって，患者の苦しみは緩和され，癒され，それが援助職における共感の本来の目的である。その点から援助者は共感的配慮を通して，いたわりと思いやりの表現をはっきりと患者に伝えることが求められる。相手に影響を与えないという共感的配慮はありえない。

　ついで援助者は患者の理解や癒しを患者の感情や態度の変化として捉えることになる。このマインド・リーディングは，援助者がプロフェッショナルとして，自分の共感的配慮が患者に対して効果があったのかどうかを確かめるプロセスにあたり，もし患者にポジティブな感情が湧き上がってきたと判断されると，プロフェッショナルとしての満足感や達成感，充実感が発生する。ここに至って初めて患者と援助者間の信頼と安心の正のスパイラルが起こり共通の場が発生する。逆であると不信と不安の負のスパイラルが起こる。

　これら感情の相互交流プロセスを考えると，苦しみを発している人の感情を最初に受け止める共感を第一の共感と呼び，患者のポジティブな反応を感知し，そこに満足感や充実感を素直に感じるプロセスを第二の共感と呼んでもよいであろう（図6-1）。

医療現場での共感プロセス
患者も援助者を観察しており，援助者の対処を，視線の動き，表情，しぐさや声の調子などを通して理解し，またこれらを通して援助者の意図や感情を眺めている。感情コミュニケーションの中で，相手を見つめている自分と同時に，相手から見つめられている自分がいることを忘れてはならない。

第一の共感，第二の共感
感情の相互交流プロセスを考えると，苦しみを発している人の感情を最初に受け止める共感を第一の共感と呼び，患者のポジティブな反応を感知し，そこに満足感や充実感を素直に感じるプロセスを第二の共感と呼ぶ。

援助者から見ると，第一の共感と第二の共感は共に重要であり，これまでの議論は第一の共感が中心であった。援助者にとっての第二の共感は，プロフェッショナルとしての達成感や自己効力感，充実感や満足感を醸成し，また援助職としてのモチベーションを維持する上で非常に重要なものである。もし自分の共感的配慮に効果が見られず不十分であれば，もう一度共感的配慮を修正し，ケアの効果が出るように努力するのが本来のケアリングである。共感が性格特性の中の報酬性と強い相関があることは，このことに関係しているのかもしれない[26]。

　この第二の共感までを共感プロセスに含めると，ここに第一の共感での共感的配慮が，単に技術の問題でなく，誠意のこもった真摯な対応である，思いやりやいたわり，優しさや気配りであることがわかる。苦しんでいる人に，手をさすり背中をさするといった行為が単に義務的に行われるのではなく，心をこめてどう対応するかが求められてくる。患者は，看護者の心のこもった優しさに感謝すると同時に，より強い信頼関係が形成され，患者の自然治癒力と生きる力が湧き上がってくる。

　これは共感がヒトの基本的能力として進化し発生した理由とも同じである[27]。共感は，人間の発明品ではなく，社会の中で信頼し協力し合っていくことが得であると思う人間の本質的な感知・対処能力である。対象者が，本当に役立つ人であるのか，または協力すべき人であるのか，信頼できる人であるのかの判断の一面が共感の場で鋭く喚起されている[28]。これはもしその判断を誤ると自分がより多くの苦しみにあうことになるからである。

　このような感情コミュニケーションの二者間の相互作

第一と第二の共感プロセスの統合

苦しんでいる人に，手をさすり背中をさするといった行為が単に義務的に行われるのではなく，心をこめてどう対応するかが求められる。患者は，看護者の心のこもった優しさに感謝すると同時に，より強い信頼関係が形成され，患者の自然治癒力と生きる力が湧き上がってくる。

用は，上で述べたクンユクらも議論し，ベレット・レナードらも共感の４つのサイクルで指摘し，真の共感ではその繰り返しが重要であると示している[7]。しかしここでいう第二の共感については，共感プロセスの中で明示的に抽出されておらず，援助される者と援助する者の両方が満足する感情コミュニケーションが，向社会的行動を長期間にわたって持続可能にする。

アダム・スミスは共感における受け手の反応の重要性に関してすでに指摘している[29]。共感にとって「他の人びとの中に同胞感情を観察する以上に，われわれを喜ばせるものはない」と，共感される喜びと共感する喜びの相互的共感の快楽を強調している[30]。そしてその感情が，例えば楽しみであれば，自分自身を「活気づける」ことになり，悲しみであれば「悲嘆を軽減する」ことになる。「不運な人びとは，かれらの悲哀の原因を伝達しうる人物を見つけたときに，どんなにほっとするであろうか」と述べているが，共感は互恵的な相互作用が認識されて初めて共感の役割が完了するのである。

看護者が書いた多くの体験記では，援助したことに対する満足感や達成感を意味する第二の共感が強調されている[31]。何よりも患者の笑顔に接したことによる気分の良さ，高揚感はかけがえのないものである。そのことが多くの若者に援助職への希望と夢を与えている。しかしこれまでの共感の捉え方は，本来価値に束縛されない中立的な基本的能力を，暗黙の仮定として利他的な道徳という視点から共感を強要し，一部には義務感のように押しつける共感があったように思われる。第一の共感だけでは看護者の心理的負担が大きく，それに見合う感情が第二の共感プロセスから支えられている。

共感における受け手の反応の重要性
共感は互恵的な相互作用が認識されて初めて共感の役割が完了する。第一の共感だけでは看護者の心理的負担が大きく，それに見合う感情が第二の共感プロセスから支えられている。

共感の現れ方をさらに難しくしているのは，白衣という制服に囚われた患者の固定概念である。そこには，患者から援助者への気づきといたわりの強要が含まれ，その中に苦しみに対する互恵的でない共感の強要が見え隠れしている。また権利の主張など多様な価値観を持つ人間の増加による共感の基盤の揺らぎの存在，つまり本筋では自分と同じ同胞として，同じ心を持っているはずだという見方が難しくなってきている現実がある。昨今の利己的とも思われる強力に自己主張する人の増加は，責任と義務の脆弱さの中での共感の自己管理の難しさを提供している。

　ここで述べた第一の共感や第二の共感は，医療の分野だけでなく，福祉や教育の分野，サービス産業の分野でも同じく重要である。学校教育の現場では，問題ある生徒の気持ちを読み取り，それに対する共感的配慮に対して，生徒がどう反応するかが重要で，それを抜きにしての共感はありえない。その反応が生徒にとってポジティブな方向ならば，生徒に笑顔が戻り，教育者としての達成感や充実感を堪能することになる。もしそれがなければ指導したという自己満足だけに終わるだろう。

　サービス分野の場合，第一の共感は省かれ，対処行動はマニュアル化され，サービス労働者の笑顔や心のこもった接遇が強調される[32)33)]。お客はそれに対して反射的な微笑みとして返し，それをサービス労働者は第二の共感として感じ取り，職業としての充実感や満足感を感じ取ることになる。またそこには共感だけではなく信頼ということも醸成されてくる。よくサービス産業の分野で,「お客様の喜ぶ笑顔が何よりの励みです」と聞かれるのはこの第二の共感に相当している。

　さらに追加するならば，言葉も話せない赤ん坊と母親

教育現場での第二の共感
問題ある生徒の気持ちを読み取り，それに対する共感的配慮に対して，生徒がどう反応するかが重要で，その反応が生徒にとってポジティブな方向ならば，生徒に笑顔が戻り，教育者としての達成感や充実感を堪能することになる。もしそれがなければ指導したという自己満足だけに終わる。

の関係も第一の共感や第二の共感が働いている場である。母親が赤ん坊の感情を読み取っただけでは本当に赤ん坊の感情を理解したことにならず，母親が子供の気持ちを読み取ったことを笑顔や抱擁で示し，それに対して子供が安らかな顔になったことから母親は子供を持った喜びの実感をかみしめることになる。

3. 共感に関連する疾患

共感が脳の機能の一端であるならば，そこには必ずといってよいほど，有機体の宿命としての機能障害が起こる。相手の意図や感情を知る広い意味でのマインド・リーディングが障害される疾患として，現在，自閉症やアスペルガー症候群の存在が知られている[34]。

自閉症は，1943年，カーナー（Kanner）によって最初に報告された疾患で，アスペルガー（Asperger）もまた，同時期に同じような症例を報告している[34]。自閉症や子供の広汎性発達障害であるアスペルガー症候群の症状として，視線を合わせようとしない奇妙さ，言葉をコミュニケーション目的で使わない，家族に対しても親近感を示さない，一人の世界に浸るなどの人生の最初期からの対人接触障害と，自分の内なる衝動と興味だけで行動し，玩具の配列や散歩のコースが毎回同じようになる，人間ではなく物体やゲームなどに極端に愛着し，周囲にまったく関心を示さないなどの同一性保持への強迫的欲求があげられる。

自閉症やアスペルガー症候群は単独の異常症状ではなく，複数の複雑な異常が重なり合った広範囲のスペクトラムを有する疾患で，その本質は臨床的にいまだ確定していない。したがってこれらの疾患の根本要因について

自閉症の特徴
視線を合わせようとしない奇妙さ，言葉をコミュニケーション目的で使わない，家族に対しても親近感を示さない，一人の世界に浸るなどの対人接触障害と，自分の衝動と興味だけで行動し，人間ではなく物体やゲームなどに極端に愛着し，周囲にまったく関心を示さないなどの同一性保持への強迫的欲求があげられる。

の理論は，研究者や臨床家によってさまざまであるが，その中で共通に指摘されているのは，他者の心を読み取るマインド・リーディング機能の障害である[35]。つまり他者の心を読み取る心の理論能力が欠けているのが本質の一つである。自閉症は，脳の発達障害として考えられており，現在，脳の形態や機能の可視化の研究がPETやfMRIを用いて進められている[36]。そこでは脳の特定部位の萎縮だけではなく，増大が指摘され，発達における神経細胞のシナプスの刈り込み（pruning）障害が示唆されている[37]。シナプスの刈り込みとは，脳の発達段階で多量に新生されたシナプスのうち，発達過程の適刺激により余分なシナプスが刈り込まれるように少なくなっての正常な情報処理を可能とする神経結合になることである。疾患は，この正常よりも余分の神経結合のためにマインド・リーディング・モジュールに混乱が起こり遂行されないことによるのかもしれない。現在，どこがマインド・リーディングの責任部位であるかは特定できていないが，情動に関与している扁桃体と前部帯状回などが候補にあがっている[36]。

　自閉症と感情の関係について考えてみると，感情システムは，感情の知覚，認知，表出から成り立っている。そしてこれに加えて他者が入ると，情報の流れが，①自己の感情，②他者の感情，および③自己と他者の相互関係に分かれる。自閉症では，これらのどの部分に異常があるかについては，感情に焦点を当てた研究が少なく確定することは難しい。しかし現象として自閉症の人は，自分の湧き上がる感情の単純で基本的な部分は表出可能である。おもちゃ遊びでの喜びや怒り，恐怖は他人の存在を気にせず表出できる[35,38]。しかし表情は乏しく，声の抑揚も乏しいなどの表出の問題もある。

またもう少し高等な感情である感情階層説でいうところの知的感情の自尊心や羞恥心，謙遜などを表すことは難しいようである。他人が関与した他人の複雑な感情の微妙なニュアンスの認知や分類，自分の感情の微妙な表出にも問題がありそうであるが，これらが，感情の知覚，認知，表出の単独の問題なのか，また連合の問題なのかについては今後の課題である[35]。

共感の欠如は自閉症での共通項のようで，家族間であっても感情的絆の形成が難しいということが指摘されている。この場合の共感の欠陥は，第3章で議論した認知的共感が主で，強い自律神経系の反応を伴う感情反応の一部は可能なようである。認知的共感には，状況に応じた適切な行動が社会生活の中で求められ，他人の悲しみに対して笑いは不適切で，相手の心に応じた慰めの言葉をかけるのが普通であるが，自閉症の人はそれに対して戸惑いがあり，他者との感情的絆がとれない。時に場の空気が読めない人，ひいては付き合いにくい人として避けられていく。

・・・・・・・・・・・・・・・・・・・・・・・・・・・・

しかしここで共感のプロセスを考えてみると，共感が成立するためには，その前段階と周辺機能が正常に働いていることが仮定されている。まず外界に関心がなければならない。そして外界刺激の知覚から認知プロセスを経て，その情報が共感モジュールに入り，それが行動という出力になっていくことを考えると，注意，知覚，認知の情報化や統合化，精細化，情動の情報化など共感モジュールを取り巻く入出力が正常に働いていると仮定されなければ，共感の真の姿を描くことはできない。自閉症患者が書いたといわれる本を紐解くと，そこには奇妙な感覚世界が広がっていることに気づく[39]。顔を理解するのに全体からではなく目の形や口元の動きなどの細か

共感が成り立つプロセス
共感が成立するためには，その前段階と周辺機能が正常に働いていることが仮定されている。まず外界に関心がなければならない。そして外界刺激の知覚から認知プロセスを経て，その情報が共感モジュールに入り，それが行動という出力になっていくことを考えると，注意，知覚，認知の情報化や統合化，精細化，情動の情報化など共感モジュールを取り巻く入出力が正常に働いていると仮定されなければ，共感の真の姿を描くことはできない。

い視点から判断している可能性があり，そこから知覚，認知の情報化や統合化の発達遅延を指摘する人がいる。また自閉症の障害として，具体的にアイ・コンタクト障害，空間認識障害や他者の注意を引く指さしの障害も指摘されている[40]。自閉症が，単独の障害なのか多重障害なのかを見極め，またどの機能が定常発達なのかを確認しながら，もし発達の遅れなどの時間軸の問題ならば，明確なルールを示すなどの行動制御の方策が必要である。

　さらに，ここで共感とは直接関係ないが，共感が成立するための重要な要素として，感情コミュニケーションの中での送り手の問題が存在する。それは，これまで感情の発信者は健常人と仮定し，自己の感情は，表情やジェスチャーを通して正常に表出できると想定していたが，疾患により表情筋を動かせない人，手や体をコントロールできない人，言葉を発しにくい人など感情を表現しにくい人がいる。また病気でなくても，感情を顔に出すのが苦手な人，未熟な人，感情を顔に出さないようにしている人，表情を適切にコントロールできない人，怒りや笑いで本当の感情を隠そうとしている人などの感情の発信者側に問題があって，受け手が感情の読み取りをしにくくしているところがあり，共感の成立を難しくしている。特に認知症の人びとや高齢者との感情コミュニケーションには難しいものがあり，今後の問題である。

反社会的人格障害（antisocial personality disorder）を有する人は，相手の感情に共鳴することができないが，相手の意図を読み取る心の理論の能力は優れているといわれている。相手の苦しみに対して冷静であるが，状況から判断して，何を行わなければならないかを知る能力はある。共感力の低下の中に認知と感情の解離が存

共感プロセスにおける送り手の問題
これまで感情の発信者は健常人と仮定していたが，疾患により表情筋を動かせない人，手や体をコントロールできない人，言葉を発しにくい人などの感情を表現しにくい人がいる。また病気でなくても，感情を顔に出すのが苦手な人，未熟な人，感情を顔に出さないようにしている人，表情を適切にコントロールできない人，怒りや笑いで本当の感情を隠そうとしている人などの感情の発信者側に問題があって，受け手が感情の読み取りをしにくくしているところがあり，共感の成立を難しくしている。

する。

4. 対人援助職における共感の役割

　これまで共感に関し，情動的共感と認知的共感の違い，そして共感における第二の共感の重要性と共感発現を妨げる感情管理の問題などについて議論してきた。これらがどのように複雑に絡み合っているのか，ここでは，感情コミュニケーションの問題が最も鋭く現れている看護の現場での姿を分析することによって，共感機能の多様性について議論する。当然のことながら，これらの問題は，広くサービス部門，介護・福祉，医療などの分野でも共通に起こっている現象と考えられる。

　患者は病気を治療するために病院に来るが，病気は患者の心の状態によってその治療効果が大きく変わる。目標を持って病気にもめげず積極的に生きようとする人は，無気力な患者に比べて治癒効果が大きく人間の自然治癒の力の違いを見せてくれる[41]。医療職者は心の交流を通して，患者の不安を和らげ，人間の自然治癒力を強化し，安らぎと癒しの空間を与えることが求められる。このような心の交流は，患者の信念や生き方だけでなく，患者の心のオープン性（openness）によって大きく影響される。

　今日，病気の状態は大きく急性期状態と慢性期状態に分けることができる。急性期状態は，事故，怪我，感染症など命にかかわることが多く，患者はとかく医療職者に身をまかせるということが多くなり，病院での生活を強いられる。一方，慢性期状態では，糖尿病，高血圧症，高脂血症などの生活習慣病を有している患者は，日

患者の心のオープン性の重要性
医療職者は心の交流を通して，患者の不安を和らげ，人間の自然治癒力を強化し，安らぎと癒しの空間を与えることが求められる。このような心の交流は，患者の信念や生き方だけでなく，患者の心のオープン性によって大きく影響される。

常生活を通して，長期間，継続的に治療することが求められる。

これらの疾患の特徴によって，患者が医療職者に対して開く心のオープン性には違いが見られる。痛みや苦痛に侵されている人は，自分の痛みや苦しさをさらけ出し，自分の社会的地位やプライドなどを考えている余裕はない。極端にいえば，患者はいまこの瞬間の苦しさ，不安や痛みに耐え切れず，これらを誰かに訴え，癒しと緩和を求めるであろう。また治癒したときの喜び，不治の病いへの怒りなどの心の叫びを素直に出すであろう。しかし慢性期状態では，長期ケアを必要とし，たとえ病院にいたとしても冷静さを保つことができ，社会的縮図の一翼を担っている。この場合の心のオープン性は，明らかに一社会人としての対応になっている。

このように患者の心のオープン性を見た場合，苦痛や不安などの感情をさらけ出す状態と，社会人として有能感を示す状態の2種類の心の開放度に分けられる。これら2種類の心の開放度によって共感的配慮も異なり，ここではこれらの状態を，患者側の感情の開放期，感情の管理期と名づけて，医療職者との共感プロセスを考えていく必要がある[42)43)]（図6-2）。

感情の開放期とは，主として急性期状態の患者に相当し，多くの場合は，患者の命にかかわる状態のために患者の主体性があまり省みられない時期であり，医師が主体であり，看護師のケアが中心になる時期である。このような時期の患者の感情表出には限界や制限はない。通常なら人前での涙はその人の弱さを示すものとして忌避(きき)されるが，痛みや苦しみによる涙は時と場所を選ばない。このような時期は看護者の情動的共感が主役となる。

情動的共感とは，相手の感情を受け止め，反射的に表

感情の開放期
感情の開放期とは，主として急性期状態の患者に相当し，患者の命にかかわる状態のために患者の主体性があまり省みられない時期であり，医師が主体であり，看護師のケアが中心になる時期である。このような時期は看護者の情動的共感が主役となる。

第6章 共感特性　103

```
┌─────────────────────────────────────┐
│   患者側              看護師側        │
│                                     │
│  ┌──────────────┐   ┌──────────┐   │
│  │ 感情の管理期  │◄─►│感情の管理期│   │
│  │(主として慢性期状態)│  └──────────┘   │
│  └──────────────┘╳                  │
│  ┌──────────────┐   ┌──────────┐   │
│  │ 感情の開放期  │◄─►│感情の開放期│   │
│  │(主として急性期状態)│ └──────────┘   │
│  └──────────────┘                   │
└─────────────────────────────────────┘
```

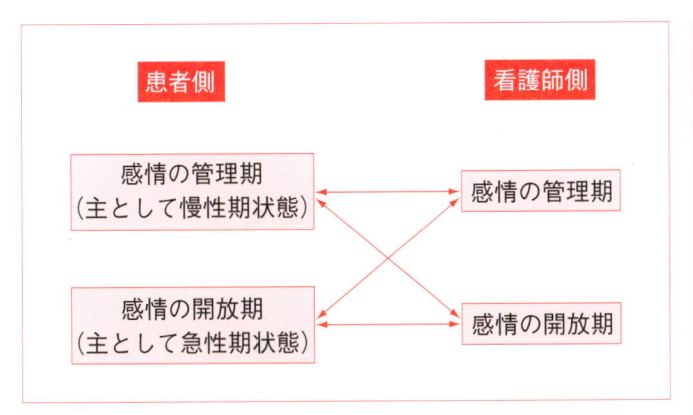

図 6-2 ● 看護における共感現象

出する受動的で無意識的な共感であり，強制ではない自然発生的ともいえる。そこでは，患者は自己の生存を担保するために強い感情表出を示し，誰からの援助も受け入れる状態になる。それに対して，看護者は，患者から受ける同様の苦しみや不安，痛みなどの負の負荷を軽減するために，もらい泣きなどの感情を表出する傾向が出てくる。そして看護者は言葉よりもタッチングなどの非言語的コミュニケーションが持つ癒しの力を利用して患者の心のケアに携わることになる。一般にこの技術が低いと，患者は不安と不満の増大に至る。ただし看護者の情動的共感は脳内過程を反映しているために，患者の強い情動に囚われて，もらい泣きや悲しみなどのパニックに至ると，共感機能はそこで働きを止めて，次の段階に進めないことに注意を要する。ここに無意識的に発生する感情に対して，プロフェッショナルとしての感情を，意識的に切り替えるなどの学習が必要となる。

・・・・・・・・・・・・・・・・・・・・・・・・・・・・・

一方慢性期状態では，直接的な死や痛みに対する不安は弱まり，自己の社会的立場を病院という限られた空間ではあるが，取り戻すことになる。ここでの患者は，病院という限られた人間関係の中で，より自己の存在を主

感情の管理期
慢性期状態では，直接的な死や痛みに対する不安は弱まり，病院という限られた人間関係の中で，より自己の存在を主張することに費やされる。そのときの看護者が示す共感は，急性期状態の場合と異なって，社会一般で見られるような状況依存的な認知的共感になる。

張することに費やされる。これを患者側の感情の管理期と名づけた。そのときの看護者が示す共感は，急性期状態の場合と異なって，社会一般で見られるような状況依存的な認知的共感になる。そこでは，両者にとって他者の存在，自己の立場も取り入れた感情交流が起こり，相手が誰であるか，どのような状態での苦しみか，何が原因で起きている不安かなど，視点取得や役割取得を考慮した言葉による言語的コミュニケーションが中心になる。これには自己や他者のおかれた環境や社会，文化が影響し，大きくは国民性も影響してくる。おまかせ医療[44)]や恥の文化[45)]は，日本で顕著に現れ，自己を表現する文化の違いを示す。甘えの文化もまた国民性に依存する[46)]。そこでは感情表現は管理され，日本では「ガマン（我慢）」という言葉，また世話をしてもらうことに対する「気のどく」という気持ちが現れ，自由な感情は自己規制される。

　患者の感情の開放期と管理期に対して看護者は心をオープンにし，常に心の窓を開けておかなければならないのであろうか。感情社会学の中で共感疲労や共感麻痺という現象があることを考えると[47)48)]，看護者もまた看護者の感情の開放期や感情の管理期に分けて対処していることがみられる。

　プロフェッショナルな職業としての看護は，あらゆる場面，あらゆる患者に対して，区別なく平等に一定のケアや思いやりが求められ，共感がなくても冷静な状況判断と配慮は可能であり，実際に求められる。しかしその前に人間は，他者の感情を理解する過程で，自己の感情処理系を兼用しているとすると（第3章），他者の苦しみに対して，それを苦しみと感じることが必ず起こり，その負の感情負担を軽減しようとして援助という行為が自

看護者の感情開放期と感情管理期
看護者は状況に応じて感情の開放期と感情の管理期に分けて対処している。

然発生してくる。そこに共感に対する役割演技が無意識のうちに入ってくる。日常の看護行為はルーチン化され，患者に対する共感的配慮は自分の中でマニュアル化され，患者に会えば，誰彼かまわず笑顔をふりまき，優しい顔となり，感情社会学でいうところの看護の自動モードになってくる。また嫌な患者に対しては，心からの共感というよりも，管理された共感の表出が起こる。管理された共感とは，役割としての責任感や義務感にしたがった感情の共有を含まない感情表出である。患者とはうまくやっていきたいと思う反面，自分の本心を出さない職業としての対応が求められる。そこでは看護者の心の窓は開放されなくてもよく，感情の共有をしないという選択肢が選べる看護者側の感情の管理期と捉えることができる。さらに労働の厳しい現実から，患者への積極的関与を望んでも，管理職としての時間的制約やストレス，疲労，組織の経済的効率化の要求，高度医療への対応などから燃え尽き症候群的となり機械的ケアが支配的になる。仕事の遂行上，常に共感モードになっているわけにはいかず，激しく頻繁な感情の切り替えがさらなる共感疲労を起こしている。

　実際の看護教育では，患者には優しく親切に，患者の気持ちに共感し，思いやりを持って接しなさいと教えられる[48]。これを実行すると，感情は開放され情動的共感に従うことになる。しかし同時に，患者の感情にのめり込んではならない，あまりなれなれしい態度をとってはならない，患者を過度に甘やかしてはならないなどと，上記とは異なる感情規則が教え込まれる。これはまさしく看護者自身の管理された共感に相当すると同時に，患者に対して管理する共感にもなり，また「職業としての共感」ともなる。

　職業としての看護の宿命は，患者にとって医療職者は

only one の存在であるが，医療職者にとっての患者は one of them としての対応となり，個別対応が病院組織管理上困難になっている。この非対称性が看護者の感情の開放と管理の制御の苦悩を広げている。看護倫理学はこの問題に対して，看護の本質であるケアの倫理的在り方を通して示唆を与えている[49]。

このように発信者である患者と受信者である医療職者の間の心の交流は，患者の感情強度，両者の心の開放度，および共感プロセスが複雑に絡み合って進行している。四十竹らは患者における共感の質的研究から，患者における感情の開放期と管理期，看護者における感情の開放期と管理期とが複雑に関係し，必ずしも共感の理論どおりではなく，社会の縮図としての感情コミュニケーションが行われていることを示している（図6-2）[42]。

しかしここで議論した感情社会学を基盤とした共感は，病気の治癒を前提とした現場での分析であった。クンユクらは，関係としての共感の中に職業を持たない高齢者やターミナル患者を対象とした別の共感の姿があることを指摘している。高齢者患者との共感，死にゆく患者との共感は，上で述べた感情の開放期や感情の管理期といった二分法では捉えきれない，もっと全人的な対処法が必要である。悩める存在である看護者が，死に対して苦悩する者を看取ることができるのかという根本的な問いに，共感という同一性志向の能動的行為に対して，ありのままの姿を無条件的かつ包容的に受け入れる「ありのまま」の態度の有効性が現場で起きている可能性がある[50]。若い看護者にとって，これら患者との共感を構成している経験という基盤の共有は難しいものがあり，これらの研究は今後の課題である。

ここでは共感の理論から，行動として情動的共感と認

職業としての看護の宿命と共感

職業としての看護の宿命は，患者にとって医療職者は only one の存在であるが，医療職者にとっての患者は one of them としての対応となり，個別対応が病院組織管理上困難になっている。この非対称性が看護者の感情の開放と管理の制御の苦悩を広げている。

高齢者との共感

高齢者患者との共感，死にゆく患者との共感は，もっと全人的な対処法が必要である。悩める存在である看護者が，死に対して苦悩する者を看取ることができるのかという根本的な問いに，ありのままの姿を無条件的かつ包容的に受け入れる「ありのまま」の態度の有効性が現場で起きている可能性がある。

知的共感の2種類を指摘し，その特性について議論をした。一方，対人援助職の現場の看護分野から，患者と医療職者のそれぞれの複雑に絡み合った感情の開放期と感情の管理期という現象を抽出した。基礎理論と臨床現場の2つの分野からの特徴はそれぞれ対応しており，それをつなぐものとして第一の共感と第二の共感を議論した。これらの関係のさらなる現象と本質を明らかにする必要がある。

またここでは主として病院内での共感の現象について議論したが，社会生活を営む病気を携えた人の現象については，上で述べた簡単な二分法では捉えきれないものがあることを指摘しておかなければならない。病気を持った人は，社会では病人としてレッテルを貼られ，健康人とは区別して取り扱われることがある。一方では患者であり，同時に社会生活を営む社会人である。そのような中で，患者の苦しみに対して求める共感，社会の中での孤立感や見えない差別，疎外感に対して求める共感，人間としての対応を望む共感のあり方が絡み合い，感情の開放性や管理性，情動的共感と認知的共感は複雑に混合してくる。そのような社会的弱者である病人が生活を背負って病院に来ると，急に患者という名称が変わるという状況の中で，単に患者の苦しみに対する共感だけでなく社会生活に対する社会的想像力の能力が対人関係職者に求められる。

新人看護師とベテラン看護師の間には，感情の切り替えのタイミングやスムーズさの困難さの違いが横たわっている。新人看護師が流す涙とベテラン看護師が流す涙がどこまで同じなのか，どこからが異なるのか，患者の手をさする意味合いのどこが同じなのか，どこからが異なっているのか，共感の区分と看護技術や看護社会学と

情動的共感と認知的共感が混合される時

病気を持った人は，社会では病人としてレッテルを貼られ，健康人とは区別して取り扱われる。一方では患者であり，同時に社会生活を営む社会人である。そのような中で，患者の苦しみに対して求める共感，社会の中での孤立感や見えない差別，疎外感に対して求める共感，人間としての対応を望む共感のあり方が絡み合い，感情の開放性や管理性，情動的共感と認知的共感は複雑に混合してくる。

新人看護師とベテラン看護師

新人看護師とベテラン看護師の間には，感情の切り替えのタイミングやスムーズさの困難の度合いがある。新人看護師が流す涙とベテラン看護師が流す涙がどこまで同じなのか，どこからが異なるのか，患者の手をさする意味合いのどこが同じなのか，どこから異なっているのか，共感のメカニズムが教えている。

の関係で明らかにする必要がある。

しかし感情社会学やケア論では論じられない部分のあることを指摘しておきたい。これまで議論してきた共感は，対象者が何らかの情報を発していることが前提になっていた。しかしここに外国にはない日本文化としての沈黙のコミュニケーションが指摘される。日本には「沈黙」や「間」の中に自分の意思や感情を表現する高度の文化がある。仮面劇の能面は，光の影と角度から微妙な感情を読み取ることを要求する。そこでは，表情変化も少なく，沈黙の中から「察する」ことや「気づく」ことを要求する。したがって人は，いわないから，黙っているから納得している，または満足しているとみると，社会生活では大きな誤解を引き起こす。そこに言葉で意思を伝えなければならない欧米文化との違いが見られる。

この沈黙とそれからくる「察する」ということを通した共感とは何か。ここに沈黙の中に潜む他者の無意識の微妙な変化を察知する高度の感性と想像力，共感能力が問われてくる。おそらくこれは若い医療職者にとって非常に困難な技能で，教育では学ぶことが難しいものに相当する。ここにプロフェッショナルとしての経験と感性が重要になる。またこのことは看護の分野に外国人の参入が行われている中で，異文化としての感情交流にすれ違いが現れてくることを示唆している。

さらにプロフェッショナルとしての共感の中で，上の議論の限界も指摘しておかなければならない。ここでは共感の発信者と受信者の個別的関係の中で，第一の共感，第二の共感を議論してきたが，これらの関係が個別利益の狭い範囲にとどまっていてはケアの普遍化は難しいし，感情社会学の問題点を解決するにはほど遠い。世

日本文化としてのコミュニケーションの特性とプロフェッショナルの共感
日本には「沈黙」や「間」の中に自分の意思や感情を表現する高度の文化がある。そこでは，表情変化も少なく，沈黙の中から「察する」ことや「気づく」ことを要求される。沈黙の中に潜む他者の無意識の微妙な変化を察知する高度の感性と想像力，共感能力が問われてくる。ここにプロフェショナルとしての経験と感性が重要になる。

界に広がる活動範囲を視野に入れると，意識される共感は，自己中心的な達成感や満足感から，もう少し援助者と被援助者間の対称性を含めた広い感情に近づいていく必要があるであろう。個別性と普遍性，対称性と非対称性の問題など，そのことまでも含めた共感に関する諸科学の進展が将来求められる。

あとがき

　共感という問題は，古来，多くの天才が思索してきたものである。それを改めてここで議論するにあたって，いまさら何を考える必要があるのであろうかということを常に疑問に思い，過去の智恵の巨大さと深遠さに押しつぶされそうに感じつつも共感ということについて考えてきた。

　先人の思索の跡をめぐらしたとき，先人が知りえた科学的事実は，現在と比べれば非常に少なかった。ギリシア時代には，人は自分の血を見ていたとしても，それが全身を循環しているとは考えず，500年前に，心臓を中心とした血液の循環がウイリアム・ハーヴィによってやっと発見されたにすぎない。脳について，その存在は知っていたとしても具体的に何を行っているかの知識は少なく，「こころ」や「魂」は神の領域に属していた。さらに記憶や思考がどのように起こっているかは考えようもなく，それらが脳の隙間である脳室に詰まっているとの考えが1,500年以上続いていた。脳の実質が「こころ」と関係しているという自然科学的知見は18～19世紀になってから得られたものである。そのような限られた知的状況の中で秀才や天才といわれる人びとは，苦心惨憺し，もがいて，人間とは何か，こころとは何か，愛とは，憎しみとは，欲望とは何かについて考え，それを言葉として書き残してきた。その結果が哲学や倫理学であり宗教である。そしてその成果は科学技術が進んだ今日においても有用さを失っていない。

　しかし自然科学の知見は2,000年前や500年前よりも蓄積され，人間の自然科学的見方の多面性は非常に広がってきた。その事実を基礎として，人間の「こころ」の働きの一端を眺め直したとき，先人の智恵がどう見えてくるのか，自然科学から「こころ」を眺めた微力な旅が本書である。その結果は，先人の智恵の手のひらで踊っているだけだったかもしれないが，だからといってそれが無駄だとは思わない。そこに何か次の展望が見えることを信じるからである。

共感も「こころ」の営みの一つである。共感の探求は遠大な歴史的な学問的蓄積を持ちつつ，それを発展的にどう考えればよいかについて，ここでは進化論，および脳科学に基づいた「こころ」の階層性をガイドとして考察を進めた。そうすることによって，人間が社会生活を営む中での共感の働きについて，少しでも理解しやすくなったのではないかと考えている。

　これらを通して共感の何がわかったかと問われれば，まだまだ解明しなければならない問題が数多くあり，巨大な海を前にカップで水を掬おうともがいているのが実感である。特にここで議論した看護を中心とした対人援助職の分野には，共感の現象が凝縮され奥深いものがある。とても一人で短時間に捉えきれるものではなく，共感の学際的研究が望まれる。ここにいくつかの問題を指摘し，「こころ」という永遠に続くテーマの一里塚とした。

　長年，富山大学医学部看護学科と関係し，大学院生，学部学生や諸先生方との多くの議論がこの本を書く動機となった。またこの本を出版するにあたって，へるす出版の後藤博史氏には多大なご支援をいただいた。ここに感謝の意を表したい。

文　献

はじめに

1) Llinas, R.R. : i of the Vortex. In : From Neurons to Self, MIT Press, London, 2002.
2) Darwin, C. : The Expression of the Emotions in Man and Animals, Appleton, 1872(Reprinted by University of Chicago Press, 1965, 浜中浜太郎・訳：人及び動物の表情について, 岩波文庫, 1991).
3) Baron-Cohen, S. : The empathizing system : a revision of the 1994 model of the mindreading system. In : Ellis, B. and Bjorkund, D.(Eds.), Origins of the Social Mind, Guilford, New York, 2005.
4) Hoffman, M. : Empathy and Moral Development, Cambridge University Press, Cambridge, 2000 (菊池章夫, 二宮克美・訳：共感と道徳性の発達心理学, 川島書店, 東京, 2001).
5) Byrne, R. and Whiten, A. : Machiavellian Intelligence, Oxford University Press, Oxford, 1988(藤田和生, 山下博志, 友永雅巳・訳：マキャベリ的知性と心の理論の進化論, ナカニシヤ出版, 京都, 2004).
6) Frith, U. : Explaining the Enigma, 2nd ed., Blackwell Publishings, Oxford, 2003(富田真紀, 他・訳：自閉症の謎を解き明かす, 東京書籍, 東京, 2009).
7) Gallese, V., Keysers, C. and Rizzolatti, G. : A unifying view of the basis of social cognition. Trends in Cognitive Science, 8 : 396-403, 2004.
8) Hochshield, A.R. : The Managed Heart : Commercialization of Human Feeling, University of California Press, California, 1983 (石川准, 室伏亜希・訳：管理される心. 感情が商品になるとき. 世界思想社, 東京, 2000)
9) Moghaddam, F.M. and Marsella, A.J. : Understanding Terrorism, Psychological Roots, Consequences, and Interventions, American Pyschological Association, 2003 (釘原直樹・監訳, テロリズムを理解する：社会心理学からのアプローチ, ナカニシヤ出版, 京都, 2008).

第1章　共感概念の歴史と定義

1) 赤澤威：ネアンデルタール人の正体, 朝日新聞社, 東京, 2005.
2) de Waal, F. : Good Matured, Harvard University Press, Cambridge, 1996 (西田利貞, 藤田留美・訳：利己的なサル, 他人を思いやるサル. 草思社, 東京, 1998).
3) Aristoteles：弁論術（山本光雄・訳）, アリストテレス全集16. 岩波書店, 東京, 1968.
4) ひろ ちさや：仏教とキリスト教, 新潮社, 東京, 1986.
5) Delumeau, J.：恐怖心の歴史（永見文雄, 西沢文明・訳）, 新評論, 東京, 1997.
6) 仲島陽一：共感の思想史, 創風社, 東京, 2006.
7) Descartes, R.：情念論（野田又夫・訳）, 世界の名著22, 中央公論社, 東京, 1967.
8) 廣川洋一：古代感情論, 岩波書店, 東京, 2000.

9) Harvey, W.：動物の心臓ならびに血液の運動に関する解剖学的研究（暉峻義等・訳），岩波文庫，東京，1979.
10) Geremek, B.：憐れみと縛り首：ヨーロッパ史のなかの貧民（早坂真理・訳），平凡社，東京，1993.
11) Spinoza, B.：エチカ（工藤喜作・斉藤博・訳），世界の名著25，中央公論社，東京，1969.
12) Hume, D.：人性論（土岐邦夫・訳），世界の名著27，中央公論社，東京，1968.
13) Smith, A.：道徳感情論（水田洋・訳），岩波書店，東京，2003.
14) Scheler, M.：Wesen und Formen der Sympathie, 6 Aufl., Francke Verlag, Bern, 1973（青木茂，小林茂・訳：シェーラー著作集8，白水社，東京，1977）
15) 渡辺照宏：仏教，岩波書店，東京，1974.
16) 池田敬正：日本における社会福祉のあゆみ，法律文化社，東京，1994.
17) 吉田久一：社会福祉と日本の宗教思想，勁草書房，東京，2003.
18) 子安宣邦：本居宣長とは誰か，平凡社，東京，2005.
19) 本居宣長：石上私淑言，本居宣長全集6，吉川弘文館，東京，1926.
20) 孟子：世界の名著3（貝塚茂樹・訳），中央公論社，東京，1966.
21) 論語：世界の名著3（貝塚茂樹・訳），中央公論社，東京，1966.
22) Frued, S.：精神分析学入門（懸田克・訳），世界の名著49，中央公論社，東京，1966.
23) Lipps,T.：Leitfaden der Psychologie, 1901（大脇義一・訳：心理学原論，岩波書店，東京，1932）.
24) Rogers, C.R.：Empathic: An unappreciated way of being. The Councelling Psychologist, 2：2-10, 1975.
25) Ax, A.A.：Goals and methods of psychophysiology. Psychophysiology, 1：8-25, 1964.
26) Batson, C.D., Fultz, J. and Schoenrade, P.A.：Adult's emotional reactions to the distress of other's. In: Eisenberg, N., Strayer, J.(Eds.), Empathy and Its Development, Cambridge University Press, Cambridge, 1987.
27) Ickes, W.：Empathic Accuracy, Guiford, New York, 1997.
28) Oxford Advanced Learner's Dictionary of Current English. 7th Edition. Oxford University Press, Oxford, 2005.
29) Eisenberg, N.：Emotion, regulation, and moral development. Annual Review of Psychology, 51：665-697, 2000.
30) Hoffman, M.：Empathy and Moral Development, Cambridge University Press, Cambridge, 2000（菊池章夫，二宮克美・訳：共感と道徳性の発達心理学，川島書店，東京，2001）．
31) Travelbee, J.：Interpersonal aspects of nursing. 2nd. F.A. Davis Company, Philadelphia, 1971（長谷川浩，藤枝知子・訳：人間対人間の看護，医学書院，東京，1974）．
32) Gazda, G.M., Asbury, F.R., Balzer, F.J., et al.: Human relations development : a manual for educators, Allyn & Bacon, Boston, 1973.
33) 角田豊：臨床的にに見た「共感」の再検討．鳴門教育大学研究紀要，8：77-87, 1993.

第2章 感情

1) 福田正治：感情を知る，ナカニシヤ出版，京都，2003.
2) Ekman, P.：An argument for basic emotions, Cognition and emotion, 6：169-200, 1992.
3) Ekman, P.：顔は口ほどに嘘をつく（菅靖彦・訳），河出書房新社，東京，2006.

文 献

4) Woodworth, R.S.: Experimental Psychology, Henry Holt and Company, New York, 1938.
5) 中村明:感情表現辞典,東京堂出版,東京,1998.
6) 福田正治:感じる情動・学ぶ感情,ナカニシヤ出版,京都,2006.
7) 福田正治:情動・感情のメカニズム,現代思想,34(11):150-162,2006.
8) MacLean, P.D.: The Triune Brain in Evolution, Plenum Press, New York, 1990.
9) Minsky, M.: The Emotion Machine: Commonsense Thinking, Artificial Intelligence, and Future of the Human Mind, Simon & Schuster, New York, 2006(竹林洋一・訳:ミンスキー博士の脳の探検;常識・感情・自己とは,共立出版,東京,2009).
10) 福田正治:感情発生の理論的諸問題.富山大学杉谷キャンパス一般教育紀要,37:55-66,2009.
11) 福田正治:進化的必然としての感情.富山大学杉谷キャンパス一般教育紀要,35:21-34,2009.
12) 誕 Parker, A.: In the Blink of an Eye, The Free Press, London, 2003(渡辺政隆,今西康子・訳,眼の誕生,草思社,東京,2006).
13) 遠藤俊彦:喜怒哀楽の起源,岩波科学ライブラリー41,1996.
14) 長谷川真理子:オスの戦略メスの戦略,日本放送出版協会,東京,1999.
15) Dawkins, R.: The Selfish Gene, Oxford University Press, Oxford, 1976(日高敏隆・訳:利己的な遺伝子,紀伊国屋書店,東京,1991).
16) Goodall, J.: アフリカの森の日々(赤尾秀子・訳),BL出版,東京,2002.
17) Byrne, R. and Whiten, A.: Machiavellian Intelligence, Oxford University Press, Oxford, 1988(藤田和生,他・訳:マキャベリ的知性と心の理論の進化論,ナカニシヤ出版,京都,2004).
18) Whiten, A. and Byrne, R.: Machiavellian Intelligence, Oxford University Press, Oxford, 1988(友永雅巳,他・訳:マキャベリ的知性と心の理論の進化論II,ナカニシヤ出版,京都,2004).
19) 宮司正男:コミュニケーション行動発達史,日本図書センター,東京,2001.
20) Frith, U.: Explaining the Enigma, Second Edition. Blackwell Publisher, Oxford, 2003(富田真紀,他・訳:自閉症の謎を解き明かす,東京書籍,東京,2009).
21) 茂木健一郎:欲望する脳,集英社,東京,2007.
22) 福田正治:感情の過去・現在・未来.富山大学杉谷キャンパス一般教育紀要,35:35-46,2009.
23) Panksepp, J.: Affective Neuroscience, Oxford University Press, New York, 1998.
24) Izard, C.E.: The Psychology of Emotions, Plenum Press, New York, 1991(荘厳舜哉・訳:感情心理学,ナカニシヤ出版,京都,1996).
25) Cornelius, R.R.: The Science of Emotion, Prentice-Hall, New Jersey, 1996(齋藤勇・訳:感情の科学,誠信書房,東京,1999).
26) Rolls, E.T.: The Brain and Emotion, Oxford University Press, New York, 1999.
27) Olds, J.: Drives and Reinforcements: Behavioral Studies of Hypothalamic Functions, Raven Press, New York, 1977(大村裕,小野武年・訳:脳と行動,共立出版,東京,1977).
28) MacLean, P.D.: Triune Brain in Evolution, First Plenum, 1990(法橋登・訳:三つの脳の進化,工作舎,東京,1994).
29) Schultz, W.: Behavioral theories and the neurophysiology of reward. Annual Review of Psychology, 57:87-115, 2006.
30) Berridge, K.C., Robinson, T.E. and Aldridge, J.W.: Dissecting components of reward: 'liking', 'wanting', and learning. Current Opinion in Pharmacology, 9:65-73, 2009.

31) Irvine, W.B. : On Desire. Why we want what we want, Oxford University Press, 2006（竹内和世・訳：欲望について，白揚社，東京，2007）.
32) Delgado, J.M.R. : New orientations in brain stimulation in man. In : Wauquier, A. and Rolls, E.T.(ed.), Brain Stimulation Reward, North-Holland, Amsterdam, 1976.
33) LeDoux, J. : The Emotional Brain, Simon & Schuster, New York, 1996（松本元，他・訳：エモーショナル・ブレイン，東京大学出版会．東京，2003）.
34) LeDoux, J. : Synaptic Self. How Our Brain Becomes Who We Are, Viking Penguin, New York, 2002（森憲作，谷垣暁美・訳：シナプスが人格をつくる，みすず書房，東京，2004）.
35) Klüver, H. and Bucy, P.C. : An analysis of certain effects of bilateral temporal lobectomy in the rhesus monkey with special reference to psychic blindness. Journal of Psychology. 5 : 33-54, 1939.
36) 西条寿夫，小野武年：脳・社会行動と情動．日本情動研究会ニュース，2：3-11，2008.
37) 脳が明かすあなたの性格．News Week，1月26日号，2005.
38) Morris, D. : Manwatching, Elsevier, London, 1977（藤田純・訳：マンウオッチング，小学館，東京，1991）.
39) Maryanski, A. and Turner, J.H. : The Social Cage, Stanford University Press, 1922（正岡寛司・訳：社会という檻，明石書店，東京，2009）.
40) 舟橋新太郎：前頭葉の謎を解く，京都大学学術出版会，京都，2005.
41) Damasio, A.R. : Descartes' Error : Emotion, Reason, and Human Brain, Putnam's Sons, 1994（田中三彦・訳：生存する脳，講談社，東京，2000）.

第3章　共感の基礎

1) Feshback, N.D. and Roe, K. : Empathy in six and seven years olds. Child Development, 39 : 133-145, 1968.
2) Baron-Cohen, S. : The empathizing system : a revision of the 1994 model of the mindreading system. In : Ellis, B. and Bjorkund, D.(Eds.), Origins of the Social Mind. Guilford, New York, 2005.
3) Gallese, V., Keysers, C. and Rizzolatti, G. : A unifying view of the basis of social cognition. Trends in Cognitive Science., 8 : 396-403, 2004.
4) 澤田瑞也：共感の心理学，世界思想社，東京，1992.
5) Hoffman, M. : Empathy and Moral Development, Cambridge University Press, Cambridge, 2000（菊池章夫，二宮克美・訳：共感と道徳性の発達心理学，川島書店，東京，2001）.
6) 仲島陽一：共感の思想史，創風社，東京，2006.
7) Pease, A. and Pease, B. : Body Language, Pease International Australia Pty. 2004（藤井留美・訳：本音は顔に書いてある，主婦の友社，東京，2006）.
8) Morris, D. : Manwatching, Elsevier, London, 1977（藤田純・訳：マンウオッチング，小学館，東京，1991）.
9) Davis, M.H. : Empathy ; A social Psychological Approach, Westview Press, Boulder, 1994（菊池章夫・訳：共感の社会心理学；人間関係の基礎，川島書店，東京，1999）.
10) 中島義明，他・編：心理学辞典，有斐閣，東京，1999.
11) Staub, E. : Positive social behavior and morality. Social and Personal Influence, Academic Press, New York, 1978.

12) Morse, J.K., Anderson, G., Bottorff, J., et al. : Exploring empathy : a conceptual fit for nursing practice? Journal of Nursing Scholarship, 24 : 273-280, 1992.
13) Eisenberg, N. : Emotion, regulation, and moral development. Annual Review of Psychology, 51 : 665-697, 2000.
14) Steibe, S.C., Boulet, D.B. and Lee, D.C. : Trainee trait empathy, age, trainer functioning, client age and training time as discriminators of successful empathy training. Canadian Counceller, 4 : 41-46, 1979.
15) Alligood, M.R. : Empathy : the importance of recognizing two types. Journal of Psychosocial Nursing, 30 : 14-17, 1992.
16) Frith, U. : Explaining the Enigma, Second Edition. Blackwell, Oxford, 2003（富田真紀，他：自閉症の謎を解き明かす，東京書籍，東京，2009）.
17) Goldman, A. : Simulating Minds. The Philosophy, Psychology, and Neuroscience of Mindreading, Oxford University Press, New York, 2006.
18) Rizzolatti, J., Sinigaglia, C.（柴田裕之・訳：ミラーニューロン，紀伊国屋書店，東京，2009）.
19) Gallese, V., Keysers, C., Rizzolatti, G. : A unifying view of the basis of social cognition. Trends in Cognitive Science, 8 : 396-403, 2004.
20) Hutchison, W.D., Davis, K.D., Lozano, A.M., et al. : Pain-related neurons in the human cinglate cortex. Nature : Neuroscience, 2 : 403-405, 1999.
21) Langford, D., Crager, S.E., Shehzad, Z., et al. : Social modulation of pain as evidence for empathy in mice. Science, 312 : 1967-1970, 2006.
22) Baron-Cohen, S. : The mindreading system : new directions for research. Current Psychology of Cognition, 13 : 724-750, 1994.
23) Premack, D. and Woodruff, G. : Does the chimpanzee have a theory of mind?. Behavioral and Brain Sciences, 4 : 515-526, 1978.
24) Chakrabarti, B. and Baron-Cohen, S. : Empathizing: neurocognitive developmental mechanisms and individual differences. Progress in Brain Research, 156 : 403-417, 2006.
25) Baron-Cohen, S. : The empathizing system : a revision of the 1994 model of the mindreading system. In : Ellis, B. and Bjorkund, D.(Eds.), Origins of the Social Mind. Guilford, New York, 2005.
26) LeDoux, J. : The Emotional Brain, Simon & Schuster, New York, 1996（松本元，他・訳：エモーショナル・ブレイン，東京大学出版会，東京，2003）.
27) 藤田和生・編：感情科学，京都大学学術出版会，京都，2007.
28) Shamay-Tsoory, S.G., Tomer, R., Berger, B.D., et al. : Impaired "Affective Theory of Mind" is associated with right ventromedial prefrontal damage. Cognitive Behavioral Neurology, 18 : 55-67, 2005.

第4章　共感の発生

1) Llinas, R.R. : i of the vortex. From Neurons to Self, MIT Press, London, 2002.
2) Gallese, V., Keysers, C. and Rizzolatti, G. : A unifying view of the basis of social cognition. Trends in Cognitive Science, 8 : 396-403, 2004.
3) 藤井直敬：予想脳，岩波書店，東京，2005.
4) 福田正治：進化的必然としての感情．富山大学杉谷キャンパス一般教育紀要　35：21-34，2007.

5) 藤田和生・編：感情科学，京都大学学術出版会，京都，2007.
6) Futuyma, D.J.: Evolutionary Biology. Sinauer Association, 1986（岸由二・訳，進化生物学，蒼樹書房，横浜，1991）.
7) Byrne, R. and Whiten A.: Machiavellian Intelligence, Oxford University Press, Oxford, 1988（藤田和生，他・訳：マキャベリ的知性と心の理論の進化論，ナカニシヤ出版，京都，2004）.
8) Boyer, P.：神はなぜいるのか（鈴木光太郎，中村潔・訳），NTT出版，東京，2006.
9) 友野紀夫：行動経済学，光文社，東京，2005.
10) Baron-Cohen, S.: The empathizing system: a revision of the 1994 model of the mindreading system. In: Ellis, B. and Bjorkund, D.(Eds.), Origins of the Social Mind. Guilford, New York, 2005.
11) de Waal, F.: The Age of Empathy: Nature's Lessons for a Kinder Society, Crown Publishing Group, New York, 2009（柴田裕之：共感の時代；動物行動学が教えてくれること，紀伊国屋書店，東京，2010）.
12) Darwin, C.：人類の起源（池田次郎，伊谷純一・訳），世界の名著39，中央公論社，東京，1967.
13) Dawkins, R.: The Selfish Gene, Oxford University Press, Oxford, 1976（日高敏隆・訳，利己的な遺伝子，紀伊国屋書店，東京，1991）.
14) 佐伯胖，亀田達也・編：進化ゲームとその展開，共立出版，東京，2002.
15) 品川哲彦：正義と境を接するもの；責任という原理とケアの倫理，ナカニシヤ出版，京都，2007.

第5章　共感の多様性

1) 内井惣七：道徳期限論から進化倫理学へ；進化ゲームとその展開（佐伯胖，亀田達也・編），共立出版，東京，2002.
2) 山崎正和：社交する人間，中央公論新社，東京，2003.
3) Geremek, B.：憐れみと縛り首；ヨーロッパ史のなかの貧民（早坂真理・訳），平凡社，東京，1993.
4) Chakrabarti, B. and Baron-Cohen, S.: Empathizing: neurocognitive developmental mechanisms and individual differences, Progress in Brain Research, 156: 403-417, 2006.
5) Hoffman, M.: Empathy and Moral Development, Cambridge University Press, Cambridge, 2000（菊池章夫，二宮克美：共感と道徳性の発達心理学，川島書店，東京，2001）.
6) Saarni, C.: The Development of Emotional Competence, Gailford Press, New York, 1999（佐藤香・監訳：感情コンペテンスの発達，ナカニシヤ出版，東京，2005）.
7) Milgram, S.: Obedience to Authority, Harper & Row, New York, 1974.
8) 武井麻子：感情と看護，医学書院，東京，2001.
9) Chawla, N.：マザー・テレサ；愛の軌跡（三代川律子・訳），日本教文社，東京，2001.
10) Rousseau J-J.：人間不平等起源論（小林善彦・訳），世界の名著30，中央公論社，東京，1966.
11) 福田正治：進化的必然としての感情，富山大学杉谷キャンパス一般教育紀要，35：21-34，2007.
12) Bellwood, P.：農耕資源の人類史（長田俊樹，佐藤洋一郎・監訳），京都大学出版会，東京，2008.
13) Futuyma, D.J.: Evolutionary Biology. Sinauer Association, 1986（岸由二・訳：進化生物学，蒼樹書房，横浜，1991）.
14) Irvine, W.B.: On Desire. Why we want what, we want, Oxford University Press, Oxford, 2006（竹内和世・訳：欲望について，白揚社，東京，2007）.
15) de Waal, F.：ヒトに最も近い類人猿ボノボ（藤井留美・訳），阪急コミニケーションズ，2000.

16) 寺島秀明・編：平等と不平等をめぐる人類学的研究，ナカニシヤ出版，東京，2004.
17) 木島賢：格差社会の人間論，東海大学出版会，東京，2008.
18) 久保純一，岡沢憲夫・編：世界の福祉；その理念と具体化，早稲田大学出版部，東京，2001.
19) Descartes, R.：情念論（野田又夫・訳），世界の名著22，中央公論社，東京，1967.
20) Hume, D.：人性論（土岐邦夫・訳），世界の名著27，中央公論社，東京，1968.
21) 渡辺照宏：仏教，岩波書店，東京，1974.
22) 山岸俊男：信頼の構造，東京大学出版会，東京，1998.
23) Delumeau, J.：恐怖心の歴史（永見文雄，西沢文昭・訳），新評論，東京，1997.
24) Grossman, D. and Christensen, L.W.：On Combat：The Psychology and Physiology of Deadly Conflict in War and in Pease. International, Armonk, New York, 2004（安原和・訳：「戦争」の心理学，二見書房，東京，2008）．
25) Asad, T.：自爆テロ（田真司・訳），青土社，東京，2008.
26) Moghaddam, F.M. and Marsella, A.J.：Understanding Terrorism. Psychological Roots, Consequences, and Interventions, American Pyschological Association, 2003（釘原直樹・監訳：テロリズムを理解する；社会心理学からのアプローチ，ナカニシヤ出版，京都，2008）．
27) Dozier, R.W.：Why We Hate, McGraw-Hill, New York, 2002（桃井緑美子・訳：人はなぜ憎むのか，河出書房新社，東京，2003）．
28) 橘木俊昭，刈谷剛彦，齋藤貴男，他：封印される不平等，東洋経済新聞社，東京，2004.
29) Bernstein, W.：「豊かさ」の誕生（徳川家広・訳），日本経済新聞社，東京，2006.
30) Hochshield, A.R.：The Managed Heart；Commercialization of Human Feeling, University of California Press, California, 1983（石川准，室伏亜希・訳：管理される心；感情が商品になるとき，世界思想社，東京，2000）
31) Smith, P.：The Emotional Labour of Nursing（武井麻子，前田泰樹・訳：感情労働としての看護，ゆるみ出版，東京，2000）．
32) 崎山治男：「心の時代」と自己；感情社会学の視座，勁草書房，東京，2005.

第6章　共感特性

1) 宮司正男：コミュニケーション行動発達史，日本図書センター，東京，2001.
2) 乾敏郎：イメージ脳，岩波書店，東京，2009.
3) Darwin, C.：The Expression of the Emotions in Man and Animals, Appleton, 1872〔Reprinted by University of Chicago Press, Chicago, 1965.（浜中浜太郎・訳：人及び動物の表情について，岩波文庫，東京，1991）〕．
4) Kunyk, D. and Olson, J.K.：Clarification of conceptualizations of empathy. Journal of Advanced Nursing, 35：317-325, 2001.
5) Hoffman, M.：Empathy and Moral Development, Cambridge University Press, Cambridge, 2000（菊池章夫，二宮克美・訳：共感と道徳性の発達心理学，川島書店，東京，2001）．
6) 白石裕子：看護学生と教育系学生における共感性の比較；共感尺度を使用して，看護教育，37：734-738，1996.
7) Berret-Lenard, G.T.：The phases and focus of empathy. British Journal of Medical Psychology, 66：3-14, 1993.

8) Olson, J.K. : Relationships between nurse-expressed empathy, patient-perceived empathy and patient distress. Image : Journal of Nursing Scholarship, 27 : 317-322, 1995.
9) 伊藤祐紀子：共感に関する研究の動向と課題；国内の看護研究に焦点を当てて，看護研究，37：75-88，2004.
10) 首藤敏元：幼児・児童の愛他行動を規定する共感と感情予期の役割，風間書房，東京，1994.
11) 中里克治，水口公信：新しい不安尺度STAI日本版の作成．心身医学，22：107-112，1989.
12) 福田正治：感情を知る；感情学入門，ナカニシヤ出版，東京，2003.
13) Staub, E. : Commentary on Part I, In：Eisenberg, N., Strayer, J. (Eds), Empathy and its development. Cambridge University Press, Cambridge, 1987.
14) Eisenberg, N. : Emotion, regulation, and moral development. Annual Review of Psychology, 51 : 665-697, 2000.
15) Yu, J. and Kirk, M. : Measurements of empathy in nursing researching : systematic review. Journal of Advanced Nursing, 64 : 440-454, 2008.
16) Davis, M.H. : Measuring individual differences in empathy : Evidence for a multidimensional approach. Journal of Personal Society and Psychology, 44 : 113-126, 1983.
17) 桜井茂男：大学生における共感と援助行動の関係；多次元共感尺度を用いて．奈良教育大学紀要，37：149-154，1988.
18) 加藤隆勝，加藤秀明：青年期における情緒的共感性の特質．筑波大学心理学研究，2：33-42，1980.
19) 角田豊：共感経験尺度改訂版（EESR）の作成と共感の類型化の試み．教育心理学研究，42：193-200，1994.
20) 田辺康広，他：職場のEQ活用法，人事マネジメント，2004.
21) 大竹恵子，他：情動知能尺度（EQS：エクス）の開発と因子的妥当性の検討．産業ストレス研究，8：153-161，2001.
22) Carkhuff, R.R. : Helping and Human Relations : A primer for lay and professional helpers, Holt, Rinehart & Winston, New York, 1969.
23) 安東英理子：看護職の共感性に影響する要因の追求；場面設定式共感測定指標を用いて．富山医科薬科大学看護学修士論文，2000.
24) 松井豊：援助行動と感情，高橋雅延，谷口高士・編：感情と心理学，北大路書房，京都，2002.
25) Buckley, N., Siegel, L.S. and Ness. S. : Egocentrism, empathy, and altruistic behavior in young children. Developmental Psychology, 3 : 329-330, 1979.
26) 樋口香織：パーソナリティ構成要素における共感性の位置づけ；看護学生を対象とした分析から．富山医科薬科大学看護学専攻修士論文，2000.
27) 福田正治：共感と感情コミュニケーション（I）共感の基礎．富山大学杉谷キャンパス一般教育紀要，36：45-58，2008.
28) 山岸俊男：信頼の構造，東京大学出版会，東京，1998.
29) Smith, A.：道徳感情論（水田洋・訳），岩波書店，東京，2003.
30) 拓殖尚則：アダム・スミス（松永澄夫・編），哲学の歴史6，中央公論社，東京，2007.
31) 川島みどり：キラリ看護，医学書院，東京，1993.
32) Hochshield, A.R. : The Managed Heart : Commercialization of Human Feeling, University of California Press, California, 1983（石川准，室伏亜希・訳：管理される心；感情が商品になるとき，世界思

想社，東京，2000）
33) 崎山治男：「心の時代」と自己；感情社会学の視座，勁草書房，東京，2005．
34) 石川元扁：アスペルガー症候群；歴史と現場から究める，至文堂，東京，2007．
35) Frith, U. : Explaining the Enigma. Second Edition. Blackwell, Oxford, 2003（富田真紀，他・訳：自閉症の謎を解き明かす，東京書籍，東京，2009）．
36) Courchesne, E., Redcay, E. and Kennedy, D.P. : The autistic brain : birth through adulthood. Current Opinion of Neurology, 17 : 489-496, 2004.
37) Oliverio, A. and Ferraris, A.O. : Le Eta Della Mente, RCS Libri S.p.A., Milano, 2004（川本英明・訳：胎児の脳・老人の脳；知能の発達から老化まで，創元社，東京，2008）．
38) 菊池哲平：自閉症児における自己と他者，そして情動，ナカニシヤ出版，京都，2009．
39) William, D. : Nobody Nowhere.（河野万里子・訳：自閉症だったわたしへ，新潮社，東京，1993）．
40) 伊藤英夫：自閉症の認知特性が及ぼす情動の問題．須田治・編，情動的な人間関係への対応，金子書房，東京，2009．
41) Moyers, B. : Healing and the Mind, Bantam Doubleday Dell Publishing, New York, 1993（小野善邦・訳：こころと治癒力，草思社，東京，1994）．
42) 四十竹美千代，福田正治，松本尚美，他：患者−看護者間における共感相互交流の認知に関する研究−患者の視点から．日本看護研究学会，30：100，2007．
43) 福田正治：看護における共感と感情コミュニケーション．富山大学看護学会誌，9：1-13，2009．
44) 宗像恒次：健康科学からみた健康と病気，メヂカルフレンド社，東京，1996．
45) Benedict, R. : The chrysanthemum and the sward, Houghton Miffin, Boston, 1946（長谷川松治・訳：菊と刀；日本文化の型，社会思想社，東京，1972）．
46) 土居健郎：「甘え」の構造，弘文堂，東京，1951．
47) Smith, P. : The Emotional Labour of Nursing（武井麻子，前田泰樹・訳：感情労働としての看護，ゆるみ出版，東京，2000）．
48) 武井麻子：感情と看護，医学書院，東京，2001．
49) 品川哲彦：正義と境を接するもの；責任という原理とケアの倫理，ナカニシヤ出版，京都，2007．
50) 曽根宣雄：ターミナルケアと宗教．吉原浩人・編，東洋における死の思想，春秋社，東京，2006．

索引

あ
愛着　37
欺き　22
アスペルガー症候群　44, 97
遊びにおけるふり　23
あはれ　7
あはれみ　6
甘え　104
憐れみ　2, 4, 76

い
生きがい　26
一体感　24, 74
一般化　25
意図検知　42
意図的な共感　40
いとほし　6
癒し　101
インターネットにおける匿名性　80

う
裏切り　22
運動の模倣　37

え
援助　23
援助行動　40

お
応答的共感　39
オスによる囲い込み　21
お人好し　58
おまかせ　104

か
海馬体　30
カウンセリング技法　8
覚醒　20
カテゴリー化　25
神からの愛　2
神への愛　2
感覚感情　13
看護倫理学　106
感情　46
感情移入　8
感情階層説　14, 18, 20, 28
感情管理　83
感情規則　84
感情コミュニケーション　80
感情シミュレーション　36
感情社会学　83
感情的暖かさ　91
感情的被影響性　91
感情的冷淡さ　91
感情伝播　5
感情ネットワーク　16
感情の開放期　102
感情の管理期　102
感情の知能指数　91
感情表出　83
感情労働　83
感情ワーク　84

き
機会の平等　73
気分　13
基本情動　15, 19
基本情念　3
急性期状態　101
旧哺乳類脳　15
共感　5, 10
共歓　6
共感喚起　80
共感経験尺度　90
共感システム　44
共感遮断　70
共感的怒り　65
共感的恐怖　65
共感的配慮　91
共感の機能分析　88
共感の喪失　79
共感疲労　70
共感プロセス　66
共感抑制　70
共苦　6
共視　43
共生の共感　66
強迫の欲求　97
恐怖情動　19, 56
共鳴　8
共鳴動作　8
共有経験　91
共有不全経験　91
協力行動　40

く
空想　91
グリーフケア　90

け
結果の平等　73
言語的コミュニケーション　87
原始情動　13, 15, 17
現実的な共感　63
原始爬虫類脳　15

こ
向社会的行動　66
高等感情　15
傲慢さ　75
合理的な共感　66
国民的視野狭窄　78

心のオープン性　101
心の開放度　102
心の理論　42
心の理論メカニズム　42
個人的苦悩　91
固定的動作パターン　29
古典的恐怖条件づけ　30
古典的条件づけ　37

さ

罪悪感　62
三者関係　49
三成分モデル　35
三位一体モデル　16

し

時間観念　26
自己意識　24
嗜好行動　29
試行錯誤　48
自己効力感　94
自己と他者の概念的交換　25
自己報酬　61
視床下部　17
視線検知　42
自然治癒力　94
嫉妬　68
視点取得　38, 91
自動操縦モード　69
シナプスの刈り込み　98
慈悲　6
自閉症　44, 97
シミュレーション理論　40
シャーデンフロイデ　68
社会的感情　15
社会的操作　23
社会的知性　22
社会的パニック　78
社会的報酬　61
社会脳　32
充実感　93
終末期医療　89
主観的体験　23
情操　13
状態共感　90
情緒　13
象徴化能力　25

情動　13, 46
情動感染　8
情動検知　43
情動的共感　36
情動的共感性尺度　90
情動伝播　42, 67
情念　13
進化論　57
神経の可塑性　49
心身二元論　3
深層演技　84
新哺乳類脳　15
信頼　51

す

ストックホルム症候群　68
スピリチュアルな視点　90

せ

正義　61
責任　61
接近行動　19
前頭眼窩野　32
前頭前野　33

そ

相互交流モデル　89
相互互恵的戦略　58
惻隠の情　7

た

ターミナルケア　90
第一の共感　93
帯状回　30
対人接触障害　97
第二の共感　93
大脳基底核　29
大脳辺縁系　30
多次元共感尺度　90
達成感　93
タッチング　87
団結力　74
耽溺行動　29

ち

知的感情　15
注意共同メカニズム　42

注意の操作　22
中隔　30
抽象化　25
柱状（カラム）構造　28
直接的な連合学習　37

て

定位反応　20
適応的な共感　66
伝播　37

と

同一化　8
投影　8
同感　5
動機づけ　43
同情　5, 10
道徳　65
逃避行動　19
同胞感情　95
島領域　41
ドパミン　29
特殊情念　3
特性共感　90

な

内的模倣　8
情け　6

に

二者関係　49
二重過程理論　44
認知的共感　36
認知のネガティブ・バイアス　78

ね

ネガティブな感情　26

の

脳幹　17
脳幹網様体　17
脳内自己刺激行動　28
脳における感情階層性　16

は

博愛　61
恥　62

罰系　28
反社会的行動　66
反社会的人格障害　100

ひ
比較　76
非共生的共感　66
非言語的コミュニケーション　87
非社会的行動　66
非適応的な共感　66
ヒューマニズム　61
表情模倣　38
表層演技　84

ふ
不快モジュール　29
不合理的な共感　66
不動化　30

へ
並行的共感　39
扁桃体　30

ほ
報酬　21
報酬系　28
報酬性　72

ポジティブな感情　26
捕食者-被食者の関係　19
ホメオスタシス　17
本能的共感　40

ま
マインド・リーディング　35, 51
マキャベリ的知性　22
真似　37
慢性期状態　101
満足感　93

み
3つのリーディング・システム　52
ミラーニューロン　41
ミラーリング効果　38

め
メスによる選り好み　21

も
燃え尽き症候群　105
模倣　23

や
役割取得　38

安らぎ　101

よ
養育行動　56
欲望　72
予測　47

ら
ラベリング　25
ラポール　8

り
利己的遺伝子　22
利己的感情　65
利己的行動　25
理性　25
利他的感情　65
利他的行動　25, 57

れ
連帯　24

わ
ワーキング・メモリ　33

【著者略歴】

福田　正治（ふくだ　まさじ）

1975年　名古屋大学大学院理学研究科修了
神経行動生理学、特に情動の神経生理学を専攻
現在，富山大学大学院医学薬学研究部・教授（行動科学）

［単著］
「感情を知る；感情学入門」（ナカニシヤ出版）
「感じる情動・学ぶ感情；感情学序説」（ナカニシヤ出版）

［共編著］
"Brain Mechanisms of Perception and Memory"（Oxford University Press）
など

JCOPY　〈(社)出版者著作権管理機構　委託出版物〉

本書の無断複写は著作権法上での例外を除き禁じられています。
複写される場合は，そのつど事前に，下記の許諾を得てください。
(社)出版者著作権管理機構
TEL. 03-3513-6969　FAX. 03-3513-6979　e-mail：info@jcopy.or.jp

共感　心と心をつなぐ感情コミュニケーション

定価（本体価格 1,800円＋税）

2010年12月20日　　第1版第1刷発行

著　者　福田　正治
発行者　岩井　壽夫
発行所　株式会社　へるす出版
　　　　〒164-0001　東京都中野区中野 2-2-3
　　　　☎ (03) 3384-8035〈販売〉
　　　　　 (03) 3384-8155〈編集〉
　　　　振替 00180-7-175971
　　　　http://www.herusu-shuppan.co.jp
印刷所　あづま堂印刷株式会社

©Masaji Fukuda 2010, Printed in Japan〈検印省略〉
落丁本，乱丁本はお取り替えいたします。
ISBN978-4-89269-715-9